Anita Lasker-Wallfisch

IHR SOLLT DIE WAHRHEIT ERBEN

Breslau – Auschwitz – Bergen-Belsen

Mit einem Vorwort von Klaus Harpprecht

Weidle Verlag

INHALTSVERZEICHNIS

VORWORT

Es wird mir nicht leicht, dem Bericht von Anita Lasker-Wallfisch, der ihren Weg von Breslau nach Auschwitz, Bergen-Belsen und schließlich nach London beschreibt, ein eigenes Wort voranzuschikken. Doch die Leser dieser Aufzeichnungen werden sich oft gedrängt fühlen, der Autorin Fragen zu stellen: Man will vieles wissen, das sie nur nüchtern und spröde anzeigt. Ich sollte es stellvertretend versuchen.

Aber so einfach ist das Fragen nicht. Es gibt Szenen in diesem Buch, die uns jede Sprache verschlagen, noch heute, fünfzig Jahre danach. Die uns stumm machen. Die manches, das wir sagen wollten, vielleicht sagen müßten, ins Schweigen zurückdrängen. Man soll dieses hilflose Schweigen nicht zu rasch als Angst vor der Wahrheit beklagen. Wie sollte man vor der Wahrheit, von der dieses Buch zeugt, keine Angst haben? Theodor Heuss, der erste Bundespräsident, wollte die Kollektivschuld, die er zurückwies, durch die kollektive Scham ersetzt wissen. Das Schämen ist in der Regel wortlos.

Über Auschwitz muß aufrichtiger geschwiegen werden. Wir haben nicht mitzureden, wenn die Opfer sprechen. Vor der Wahrheit der Vernichtung sind das Reden und das Schweigen gleichermaßen verloren. Es ist nicht gewiß, ob wir zur Welt der Opfer Zugang finden, ob durch Reden oder Schweigen. Sie bleibt uns oft auf schreckliche Weise entzogen.

Anita Lasker-Wallfisch zögerte lang, ehe sie selber zum Reden und Schreiben bereit war. Sie fürchtete, daß niemand hören wolle, was sie zu sagen hat. Sie fürchtete zugleich, daß ihr Bericht das Leben ihrer Kinder zu tief überschatten würde. Sie empfand, daß die Tochter und der Sohn das Recht auf eine unbefangene, nicht zu beschwerte Jugend hätten. Sie wünschte für ihre Familie und für sich ein normales Leben – soweit nach Auschwitz »Normalität« möglich sein konnte. Der Versuch verlangte eine Lebenstapferkeit, die sich nicht von selbst verstand. Nach fast einem halben Jahrhundert endlich schrieb sie ihre Erfahrungen für die Kinder und Enkel auf. Aus den privaten Aufzeichnungen wurde eine Serie von Berichten für die BBC. Sie fand eine ungewöhnliche Resonanz. So wurde aus den Radiosendungen ein Buch.

Anitas Schwester Renate, die seit vier Jahrzehnten meine Frau ist, sagte am Beginn unserer Partnerschaft, daß sie nicht daran denke, Hitler und seinen Schergen den Rest ihres Daseins zu opfern. Die eintätowierte Nummer auf dem Arm verbirgt sie nicht. Aber *sie* ist es, die bestimmt, ob sie von Auschwitz, von Bergen-Belsen, von den ermordeten Eltern, von den frühen Tagen der Kindheit in Breslau und von den Jahren der Demütigung, der Isolierung, der Entbehrung und der Gefangenschaft sprechen will, oder von den bösen Träumen, die sie heimsuchen.

Respekt, Rücksicht und altmodischer Takt legten es nahe, mit dem Fragen behutsam zu sein – und manchmal auf alles Fragen zu verzichten. Die Schutzwand ist dünn. Als ein SS-Halunke nach einer Fernseh-Diskussion über die amerikanische »Holocaust«-Serie durch seinen windigen Nürnberger Anwalt den Beweis von ihr forderte, daß ihre Eltern vergast worden seien, stürzte für einen Augenblick alle »Normalität« in sich zusammen. Es war offenbar, daß in Wirklichkeit nichts normal sein kann.

Das Gleichgewicht ist jeden Tag aufs neue zu sichern: Voraussetzung der Lebensfähigkeit. Es wird durch jede Konfrontation mit rassistischen und nationalistischen Ressentiments immer wieder bedroht, gelegentlich freilich auch durch das gutartig-obsessive Geschwätz über »die deutsche Vergangenheit«, dem sich viele unserer Landsleute so gern überlassen, wenn sie sich einem Menschen jüdischer Herkunft gegenübersehen.

Die Befangenheit wird dann und wann geradezu zelebriert – und zugleich bemüht man sich (mit einigem Krampf), sie zu überspielen. Es wurde nationale Gewohnheit, jiddische Brocken in die Unterhaltung einzuflechten, und ein jiddischer Begriff, den vermutlich die Hälfte der Zuschauer nicht versteht, avancierte zum Titel einer Talkshow des Fernsehens: Tacheles. Als sollte – halb unbedacht – eine Welt zum Leben erweckt werden, die nicht nur

»in deutschem Namen«, sondern von Deutschen vernichtet worden ist.

Sie ist ausgelöscht, die Welt des osteuropäischen Judentums und seines »shtetls«. Das deutsche Judentum ist es erst recht. Nichts davon kehrt zurück. Es mag auch künftig – vielleicht sogar in wachsender Zahl – wieder Juden in Deutschland geben. Ein deutsches Judentum nicht.

Doch auf der Bühne der Politik und der Publizistik regt sich immer wieder das fragwürdige Verlangen, sich nachträglich der Opfer zu bemächtigen. Mancher unserer intellektuellen Weggenossen kann – in einer seltsamen Verirrung seiner Eitelkeit – der Versuchung nicht widerstehen, sich gleichsam mit dem Judenstern zu dekorieren: die Plünderung von Geschicken, die uns erspart blieben – und die auf schreckliche Weise von uns geschieden sind. Das Mitleiden wurde vom Selbstmitleid beiseitegedrängt. Takt sollte den Krampf verbieten. Doch Takt ist kein Wort unserer Zeit, obwohl ohne ihn die Welt aus den Fugen zu gehen droht.

Man sagte, der Antisemitismus brauche keine Juden mehr, um seine Ressentiments in den Kellergelassen des Volksgemütes auszubrüten. Längst gibt es auch einen aufgesetzten Philosemitismus, der ohne die Opfer auskommt. Es war kein Zufall, daß die große Debatte über das Goldhagen-Buch (*Hitlers willige Vollstrecker*) fast ohne die Beteiligung der überlebenden Juden geführt wurde: Die Experten, die das Phänomen Holocaust mit wissenschaftlicher Distanz und verletztem Selbstbewußtsin untersuchten, blieben ganz unter sich. Es ist auch kein Zufall, daß es den Initiatoren des geplanten Holocaust-Denkmals nicht in den Sinn kam, die Menschen, die Auschwitz durchlitten haben, nach ihrer Meinung zu fragen.

Das sind keine Argumente, aus denen sich der modische Spott über die deutsche »Betroffenheitsindustrie« nähren könnte. Die Verhöhnung des allzu eifernden guten Willens ist in Wirklichkeit nur die arrogante Kehrseite des Unbehagens, das uns nahelegt, ein tarnendes Tuch über den Abgrund zu legen. Camouflage einer Hilflosigkeit, die sich an sich selber ärgert; der Scham, die wir nicht zu zeigen wagen; der Furcht, die wir nicht wahrhaben wollen.

Paul Celan, der große jüdische Dichter deutscher Sprache, beobachtete einst voller Mißtrauen die verdächtige Popularität seiner »Todesfuge«, von der er vermutete, daß sie unseren Seelen, dank ihrer Ästhetik, eine »magische Erleichterung« verschaffe. Der Wohlklang seiner Verse, schrieb ein kritischer Amerikaner, habe die Unruhe in den Herzen und Gemütern vieler Deutscher besänftigt: sie durften dank des schönen Mediums, wie er sagte, »ihre Schuld auf wunderbare und schmerzlose Weise wahrnehmen«. Das Grauen ließ sich in Worte fassen, die bei feierlichen Anlässen mit allem Pathos offizieller Ergriffenheit deklamiert werden durften: Das schien Trost genug zu sein.

Aber Scham und Furcht lassen sich nicht fortreden, auch nicht mit den Worten der Dichter. Bei der Begegnung mit dem Bericht von Anita Lasker-Wallfisch treten sie zutage und sehen uns an: gerade weil sich in diesem Buch kein Hauch von Pathos regt. Weil die Autorin und ihre Schwester Renate Lasker Harpprecht, die einige Passagen aus ihrer Erinnerung beitrug, ihre Erfahrungen einer disziplinierten Nüchternheit unterwarfen, die keine aufgeregten und dramatischen Gesten erlaubt.

Das Buch ist von einer Unmittelbarkeit, vor der es kein Ausweichen gibt. So wollte es die Autorin. Wie anders ließe sich erklären, daß sie sich dazu entschloß, die deutsche Fassung selber zu schreiben – in ihrer Muttersprache, deren sie sich seit einem halben Jahrhundert nur selten bedient, ja die sie in den ersten Jahren nach der Befreiung, als die Sprache der Unmenschlichkeit und der Entwürdigung, am liebsten vergessen hätte? Sie wollte keine fremde Feder zwischen sich und den deutschen Lesern und darum auch keine Übersetzung der englischen Fassung. So kehrte sie zur Sprache der Kindheit zurück. Sie nahm es in Kauf, daß sie manchmal nach Worten zu suchen hatte und manch einer ihrer Sätze etwas ungeschliffen daherkam. Die Unmittelbarkeit war wichtiger.

Im Haus der Eltern wurde auf ein klares, gefälliges, ja elegantes Deutsch Wert gelegt. Den schlesischen Dialekt lernten die Kinder draußen bei den Schulfreunden. Eltern und Kinder lasen miteinander, auch in den Jahren der Verfolgung und fast bis zur Deportation des Vaters und der Mutter, die großen Werke klassischer Dichtung.

Die Bildungsideale erfüllten sich in der Literatur und – vor allem – in der Musik. Die Mutter war eine glänzende Geigerin. Freunde wurden einmal in der Woche zu Kammermusik-Abenden gebeten. Natürlich lernte jede der drei Töchter ein Instrument.

Deutsches Bildungsbürgertum. Eine seit Generationen assimilierte Familie, dem liberalen Reformjudentum verbunden, das so tief vom Geist der Aufklärung und vom deutschen Protestantismus geprägt war: eine Kultur-Welt, die im Dritten Reich ausgebrannt und beseitigt wurde, ein für allemal.

Der Vater war ein geachteter Anwalt. Sein wichtigster Klient: Graf Künigl, in Südtirol ansässig, der in einen gigantischen und komplizierten Rechtsstreit mit der schlesischen Magnaten-Sippe der Henkel von Donnersmark verwickelt war. Niemand kannte sich im Labyrinth jener Prozesse genauer aus als Dr. Alfons Lasker. Darum wurde ihm eine beschränkte Ausübung seines Berufes gestattet, als den jüdischen Anwälten in Deutschland längst die Lizenz entzogen war. Die vermeintliche Unentbehrlichkeit hielt den Vater davon ab, sich mit der gebotenen Konsequenz um die Chancen der Auswanderung zu kümmern, solange die Grenzen noch offen waren. Draußen würde er, auch das ließ ihn zögern, seinen Beruf nicht ausüben können.

Wohin sollte er sich wenden? In New York lebte der Bruder Edward Lasker, in seiner Jugend Ingenieur beim AEG-Konzern, der Deutschland schon 1913 verlassen hatte, um in England zu arbeiten. Im Ersten Weltkrieg suchte er in den Vereinigten Staaten Zuflucht. Er brachte es in der Neuen Welt zu Ansehen und, als mehrfacher amerikanischer Schachmeister, zu einigem Ruhm. Dem deutschen Bruder konnte er bei der Emigration nicht helfen. Alfons Lasker war in Westpreußen zur Welt gekommen, das seit dem Versailler Vertrag zu Polen gehörte. Die Einwanderung in die Vereinigten Staaten wurde in jenen Jahren nach nationalen Quoten geregelt. Der Geburtsort des Vaters bestimmte, daß die Familie Lasker auf der polnischen Liste stand, die für Jahre und Jahrzehnte überfüllt war. Die Verbindungen (und die finanziellen Möglichkeiten) Edwards reichten nicht aus, dem Bruders eines der Ausnahmevisen zu verschaffen, die mit einigem Glück zu ergattern waren.

Eine Existenz in Palästina schien dem Vater nicht möglich zu sein. In Wahrheit war ihm die Vorstellung eines Lebens außerhalb des deutschen Kulturkreises nahezu undenkbar. Doch die Tore der Schweiz waren verschlossen, trotz der prominenten Verwandtschaft in Basel, der Harry Goldschmidt, der Musikwissenschaftler, Beethoven-Biograph und passionierte Kommunist, entstammte (nach dem Krieg lehrte er als Professor in Ost-Berlin).

Überdies glaubte der Vater – wie so viele, Juden und Nichtjuden –, daß die nazistische Barbarei bald genug an sich selber scheitern, daß sie vergehen werde wie ein böser Spuk, ehe es zum Schlimmsten komme. Nur die älteste Tochter Marianne faßte die Wirklichkeit mit der gebotenen Schärfe ins Auge. Sie schloß sich der zionistischen Werkleute-Gruppe an und lernte das Schreinern, gegen den Widerstand der Eltern. Im Sommer 1939 gelangte sie nach England, das nur eine Etappe auf dem Weg nach Palästina sein sollte.

Renate, die zweite, wurde 1937 in ein Internat für jüdische Kinder in Florenz aufgenommen, das von Robert Kempner, dem späteren Chefankläger bei den Nürnberger Kriegsverbrecher-Prozessen, geleitet wurde. Ein Jahr später kehrte sie, heimwehkrank, nach Deutschland zurück. An der Grenze wurde ihr der Paß abgenommen. Eine humanitäre Organisation bemühte sich, ihr Einlaß nach Großbritannien zu verschaffen. Sie hätte in einem englischen Pfarrhaus Aufnahme finden können. Dann kam der Krieg. So saß auch sie in der Falle.

Anita, die jüngste, bewies früh eine ungewöhnliche Begabung fürs Cello-Spiel. Dieses Talent hat ihr und Renate das Leben gerettet. Die Musik, die Anita den Weg ins Lagerorchester öffnete. Die Fähigkeit, Französisch zu sprechen, die nach der Deportation der Eltern die beiden Mädchen ermutigt hat, einen Fluchtversuch zu wagen. Ihre naive Courage, die sie ins Zuchthaus brachte: ein Aufschub des Transportes ins Vernichtungslager. Die Tatsache, daß sie dank ihrer Verurteilung nicht mit einem Sammeltransport nach Auschwitz kamen (und damit ohne Aufenthalt zur »Selektion« und ins Gas), sondern einzeln, mit einem Dossier. Das Glück, daß sie einander in dem mörderischen Chaos des Lagers wiederfanden.

Eine hätte ohne die andere keine Chance gehabt, am Leben zu bleiben. Renate wäre ohne Anita in der Todesmaschine von Auschwitz-Birkenau zugrunde gegangen. Anita hätte ohne Renate die Hölle von Bergen-Belsen nicht überstanden. Jede wußte, daß die andere sie brauchte. Vielleicht war das der entscheidende Impuls, der ihren Willen zum Leben niemals ganz erlöschen ließ.

Als der Tag der Befreiung kam, hatten sie keine Heimat mehr. Die Eltern waren tot. In seiner letzten Karte hatte der Vater mit dem Psalmisten gebetet: »Ich richte meine Augen auf zu den Bergen, von denen mir Hilfe kommt.« Aber es gab keine Hilfe.

In Breslau waren die Polen. Die Schwester Marianne lebte – in England, auf dem Sprung nach Palästina. Und in London lebte Helli, eine Cousine, mit dem Engländer Jack Schrier verheiratet. Doch Großbritannien wollte den Heimatlosen zunächst seine Tore nicht öffnen. In New York gab es Onkel Edward. Aber auch der Weg nach Amerika war verriegelt. Erst recht der in die Schweiz. Die Welt schien für die beiden Überlebenden verschlossen zu sein.

Anita berichtet in ihrem Buch von der quälenden Wartezeit im Lager, von der zweiten (und geglückten) Flucht aus Deutschland, dem Aufenthalt in Brüssel, der Ankunft in London. Marianne war zu jener Zeit weiter nach Palästina gezogen, mit dem Aufbau ihres Kibbuz beschäftigt. Sie kam noch einmal zurück, um die Schwestern zu sehen. Dann starb sie, wenig später, bei der Geburt ihres zweiten Kindes. Die beiden jungen Frauen wurden von der Cousine Helli und ihrem Mann Jack aufgenommen.

Anita konzentrierte sich mit aller Passion auf ihre musikalische Entwicklung. Sie heiratete den Pianisten Peter Wallfisch, den sie aus Breslau kannte (seine Familie war nach Palästina emigriert), und sie wurde Gründungsmitglied des »English Chamber Orchestra«, das unter vielen großen Dirigenten und mit brillanten Solisten – unter anderen Karl Richter und Daniel Barenboim – Respekt und schließlich Weltruhm gewann. Sie gehört dem Ensemble noch heute an.

Die Schwester Renate fand Arbeit als Sekretärin und Sprecherin im deutschen Dienst der BBC, bei dem sie später ein eigenes Programm produzierte. Sie heiratete einen französischen, dann einen deutschen Kollegen – den Verfasser dieser Zeilen, mit dem sie sich lange in den Vereinigten Staaten, einige Jahre auch in Deutschland aufhielt, Produzentin vieler Fernseh-Filme, vieler Artikel, auch Autorin eines Romans (*Familienspiele*), der bei Ullstein erschien. Seit 1982 lebt sie mit ihrem Mann im Süden Frankreichs.

Anitas Buch legt Zeugnis für sie beide ab. Das Dokument fand in England ein starkes Echo. Es beschreibt den Weg durch die Hölle. Hinter der Hölle leuchtet für einen Augenblick noch einmal jene deutsch-jüdische Welt auf, in der Victor Klemperer und Else Lasker-Schüler, Alfred Döblin und Lion Feuchtwanger, Hannah Arendt, Richard Löwenthal, die Historiker Walter Laqueur und Fritz Stern (beide aus Breslau) oder die Familie Henry Kissingers zuhaus waren – und mit ihnen so viele.

Sie ist verloren und vertan, diese Welt, unwiederbringlich. Die große kulturgeschichtliche Darstellung, die sie verdient, fand sie bisher nicht. Doch sie wäre das angemessene Denkmal, das es zu errichten gilt.

Ein ferner Abglanz jener Welt zieht seine Spur auch durch diese Chronik des Grauens. Und mit ihm, hinter dem Entsetzen kaum mehr sichtbar, eine unbesiegbare Liebe zum Leben. Ohne sie hätten Anita und Renate das Inferno der Lebens- und Menschenverachtung nicht überstanden.

November 1996 — Klaus Harpprecht

Ich widme diesen Bericht über meine Erfahrungen vor, während und nach dem Holocaust meinen Kindern Raphael und Maya und meinen Enkeln Ben, Simon, Joanna und Abraham-Peter.

Zum Gedenken an meine Mutter und meinen Vater und die Millionen, die zum Schweigen gebracht wurden und deren Geschichte niemals erzählt werden wird; mit tiefem Dank an meine Schwester Renate und meine treuen Weggefährten von der Lagerkapelle, die diese traumatischen Jahre mit mir erlebten.

»Und so sagte sich der Überlebende, sich nicht zu erinnern mache ihn zum Komplizen des Feindes: Wer zum Vergessen beiträgt, vollendet das Werk der Mörder. Deshalb ist es notwendig, Zeugnis abzulegen, um sich nicht im Lager des Feindes zu finden.«

Aus *A Plea for the Survivors* in Elie Wiesels *A Jew Today.*

EINFÜHRUNG

Ich hatte niemals ein großes Bedürfnis, über meine Erlebnisse zu sprechen. Die Gründe dafür sind komplex und vielfältig, aber keinesfalls von dem Wunsch geprägt, daß es besser wäre, alles zu vergessen.

Als meine Schwester Renate und ich 1946 endlich – elf Monate nach der Befreiung – in England ankamen, hätten wir viel darum gegeben, gefragt zu werden, was wir alles durchgemacht haben. Aber niemand fragte.

Ich weiß, daß Menschen sich vor zuviel Wissen schützen möchten, und auch, daß Angst herrscht, durch Fragen Erinnerungen zu wecken, die einen aus dem Gleichgewicht bringen könnten. –

Das Resultat ist: SCHWEIGEN. Ohne Zweifel lag eine Art Tabu über dem Thema »Konzentrationslager«.

Wenn man aber erlebt und gesehen hat, was wir erlebt und gesehen haben, braucht man keine »Fragen«, um sich zu »erinnern«. Außer einigen Einzelheiten bleibt alles unauslöschlich im Gedächtnis, und das Resultat ist, daß wir ÜBERLEBENDEN eine Rasse für sich sind.

Als Zeuge der unbeschreiblichen Exzesse von Grausamkeit, die man heute HOLOCAUST nennt, ist man irgendwie automatisch isoliert. Man lebt in einer Art von Fegefeuer, und ich habe längst akzeptiert, daß es ganz einfach Menschen gibt, die »wissen«, und Menschen, die »nicht wissen«.

Ich bin mir aber auch dessen bewußt, daß wir Überlebenden eine Pflicht gegenüber den Millionen von Toten haben sowie gegenüber den Generationen, die nach uns kommen. In Deutschland hat man nach dem Krieg geschwiegen – entweder aus Scham oder aus Schuld. Ganz gleich.

Die Dimensionen der Untaten waren so enorm, daß sie gar nicht zu fassen sind, und es ist bestimmt leichter zu schweigen, als sich den Tatsachen auszusetzen. Es ist viel über KZs geschrieben worden, und ich kann da wohl kaum Neues hinzufügen. Darum will ich einfach ein kurzes Resümee meines Lebens niederschreiben und erzählen, wie es damals war – als Jude in Deutschland zu leben.

Ich habe einen ausführlicheren Bericht über mein Leben ursprünglich für meine Kinder geschrieben und versucht zu erklären, warum ich niemals über die Ereignisse der damaligen Zeit mit ihnen gesprochen habe. Es ist für eine Mutter beinahe unmöglich zu entscheiden, zu welchem Zeitpunkt man einem Kind erklären kann, daß es auf dieser Welt Menschen gibt, deren Ideologie in der kompletten Vernichtung aller Juden und all derer, die damals »unerwünschte Elemente« waren, bestand, und daß man diese Menschen auf grausamste und technisch absolut vollendete Weise ermordet hat. Naiv hatte ich geglaubt, daß unser Leiden das Ende aller Leiden gewesen sei, und wollte vor allem vermeiden, Haß in die Seele meiner Kinder zu pflanzen. Ich hatte einige Illusionen nach unserer Befreiung. Die meisten sind leider inzwischen erschüttert worden. Die schlimmste Erkenntnis ist, daß es heutzutage Menschen gibt, und nicht nur dumme und unintelligente, die behaupten, der HOLOCAUST sei eine grobe Übertreibung – sogar eine komplette Lüge.

Dazu kommt, daß viele Menschen glauben, wir Überlebenden des Holocaust wollten nicht darüber sprechen. Ich bestreite das. Man hat uns nicht gefragt.

Ich glaube, daß die Mehrzahl der Überlebenden eines gemein hat: Wir wollten »Normalität«. Normalität für uns und für unsere Kinder. Es hat Jahre gebraucht, bis ich begriffen habe, daß Normalität nicht etwas ist, das man aus der Luft zaubern kann. Was ist daran »normal«, wenn man zögert, seinen Kindern auf die Frage zu antworten, warum sie keine Großeltern haben – aus Angst, sie zu traumatisieren? Die Antwort würde lauten, daß sie in irgendeinem Massengrab in Polen liegen. Normalität für meine Kinder bedeutete auch, daß sie sich nicht anders und isoliert fühlen sollten. Heute, fünfzig Jahre später, weiß ich, daß das ein Wunschtraum war.

Ungefähr vierzig Jahre nach diesen Ereignissen begann ich einige Notizen zu machen, wenn ich ein bißchen Zeit zur Verfügung hatte. Meistens auf Flugplätzen oder in Flugzeugen, um keine Zeit zu verschwenden. Nach und nach habe ich ein Buch für meine Kinder zusammengestellt, durch das sie *die Wahrheit erben sollen*. Dieses »Buch« enthält Briefe und Photographien, die sieben Jahre nach Ende des Krieges in meinen Besitz gekommen sind.

Zu meiner Entschuldigung muß ich erklären, daß ich diesen Bericht ursprünglich auf englisch geschrieben habe. Meine Kinder sprechen kein Deutsch, und mir selbst ist die englische Sprache heute, nach so vielen Jahren, auch geläufiger als die deutsche. Ich bin mir bewußt, daß mein Deutsch heute nicht ganz fehlerfrei und etwas ungeschickt ist, glaube aber, daß ich mich trotzdem noch verständlich machen kann.

Mir stehen Briefe aus den Jahren 1939 – 1942 zur Verfügung, aus denen ich hier und da Auszüge bringe. Es gibt sie, weil es meiner ältesten Schwester Marianne noch im letzten Moment vor Ausbruch des Krieges gelungen war, nach England zu gehen. Wir korrespondierten bis September 1939 auf normalem Wege und während des Krieges über neutrale Länder wie die Schweiz und anfangs auch Amerika. Marianne starb 1952 in Israel bei der Geburt ihres zweiten Kindes. Nach ihrem Tode gelangten die Briefe sowie die Familienbilder wieder in meine Hände.

VORKRIEGSDEUTSCHLAND UND DIE REICHSKRISTALLNACHT

Ich bin in Breslau – jetzt Wrozław – im Jahre 1925 geboren. Mein Vater war Rechtsanwalt und Notar am Oberlandesgericht. Meine Mutter, eine sehr schöne Frau, war hochbegabt und eine ausgezeichnete Geigerin. Außerdem war sie sehr geschickt und machte alle unsere Kleider selbst. Ich war die jüngste von drei Töchtern. Wir lernten alle ein Instrument spielen, mein Vater hatte eine wunderbare Stimme, und in unserem Hause wurde sehr viel musiziert.

Eine Zeitlang hatten wir eine französische Gouvernante. Mein Vater interessierte sich sehr für Sprachen und war der Ansicht, daß der Mensch so viele Seelen besitzt, wie er Sprachen beherrscht. Heute weiß ich, daß er damit recht hatte. Es gab bei uns die Regel, sonntags ausschließlich Französisch zu sprechen. In meiner jugendlichen Unwissenheit fand ich das einfach lächerlich und machte an Sonntagen nicht den Mund auf.

Unser Zuhause war harmonisch. Wir waren eine typische assimilierte jüdische Familie. Das Jüdische wurde absolut nicht betont, aber ich erinnere mich, daß meine Eltern wenigstens zu den hohen Feiertagen in die Synagoge gegangen sind. Wir feierten auch Pessach. Dieses Fest fällt ungefähr mit Ostern zusammen, und man feiert die Befreiung des Volkes Israel aus der ägyptischen Gefangenschaft. Wir verbrachten den Vorabend dieses Festes, den man Seder nennt, bei meiner Großmutter mütterlicherseits, und diese Abende müssen einen tiefen Eindruck auf mich gemacht haben, denn ich erinnere mich noch heute, fünfzig Jahre später, an jedes Detail. Ich habe immer insgeheim bedauert, daß es mir nicht möglich war, wenigstens ein klein bißchen Tradition an meine Kinder weiterzugeben, aber der Bruch zwischen meinem »ersten« und meinem »zweiten« Leben war zu radikal.

Die ersten antisemitischen Bemerkungen hörte ich von meinen Mitschülern in der kleinen Privatschule, die wir besuchten. Ich war damals wohl acht Jahre alt, aber es ist mir im Gedächtnis geblieben:

Ich wollte die Tafel abwischen, und ein Kind sagte: »Gib dem Juden nicht den Schwamm!«

Ich erinnere mich auch, daß Kinder mich auf der Straße anspuckten und mich »Dreckiger Jude« nannten. Ich verstand überhaupt nicht, was da eigentlich los war, und war sehr neidisch auf alle Kinder, die nicht dieses mysteriöse Stigma trugen.

Von diesen Unannehmlichkeiten abgesehen, schien das Leben aber durchaus freundlich, und es war unvorstellbar, daß es nicht ganz einfach so weitergehen sollte. Ich fühlte aber doch, so klein ich war, daß da nicht alles in Ordnung war. Plötzlich verschwanden Leute spurlos ... ich hörte von »Auswanderung« sprechen ... auf einmal durfte man nicht mehr ins Schwimmbad gehen, und mehr und mehr Schilder erschienen an den Türen öffentlicher Gebäude mit den Worten: JUDEN UNERWÜNSCHT.

Diese Verschlimmerung der Lebensbedingungen für Juden vollzog sich aber ganz allmählich. Nicht von einem Tag auf den anderen. So allmählich, daß überoptimistische Menschen sich einreden konnten, eine Gefahr existiere gar nicht. Leider gehörte mein Vater zu diesen Optimisten. Er war davon überzeugt, daß dieser »Unsinn« bald aufhören müßte. »Die Deutschen können doch ganz einfach diesen Wahnsinn nicht mitmachen ...«

Doch es gab ständig neue Gesetze. Frauen mußten den Namen Sara und Männer den Namen Israel zusätzlich annehmen. Wegen der Gefahr der »Rassenschande« durften Juden keine Haushaltshilfen unter 45 Jahren einstellen. Viele unserer Freunde verließen Deutschland, und sogar bei uns begann man von Auswanderung zu sprechen. Aber wohin sollte man gehen? Wie die nötigen Papiere beschaffen? Der Beruf meines Vaters war ein enormes Hindernis. Wie soll man sich als deutscher Rechtsanwalt im Ausland den Lebensunterhalt verdienen?

Dann kam der 9. November 1938. »Die Reichskristallnacht«. Ernst vom Rath, ein Angestellter der Deutschen Botschaft in Paris, wurde erschossen, und zwar von einem jungen Mann namens Herschel Grynszpan. Er war Jude, und dieses Attentat diente als höchst willkommener Anlaß zu einem Pogrom von unbeschreiblichen Ausmaßen.

Es hieß damals in den Zeitungen, daß eine »spontane Volkswut« ausgebrochen sei ... Diese »Volkswut« äußerte sich, indem sämtliche Synagogen niedergebrannt, jüdische Geschäfte zerstört und geplündert wurden. Es war leicht zu erkennen, ob ein Geschäft einem Juden gehörte. Auf dem Schaufenster mußte der Name des Inhabers in Buchstaben von bestimmter Größe stehen, daneben der Judenstern. Es ging noch weiter: Das »erzürnte Volk« drang in Privatwohnungen ein, demolierte sie, und Tausende von Menschen wurden verhaftet und in Konzentrationslager gebracht.

Mein Vater wurde damals nicht verhaftet. Das war der Courage unseres guten Freundes Walter Mathias Mehne zu verdanken. Er war Geigenbauer, kein Jude, und kümmerte sich einfach nicht darum, daß die Straßen von Gestapoleuten wimmelten, die nach Juden suchten. Er kam zu uns in die Wohnung, holte meinen Vater ab und fuhr den ganzen Tag mit ihm in seinem Mercedes herum. Er hätte leicht angehalten werden und sich in einer sehr unangenehmen und gefährlichen Situation befinden können. Der Mut eines Mannes wie Mehne ist um so beachtenswerter, als er in Breslau sehr bekannt war. Sein Geschäft befand sich am Tauentzien Platz, in der Mitte der Stadt. Es lag im ersten Stock und war leicht durch die roten Schilder in Form von Geigen, die in den Fenstern hingen, zu erkennen. Es wurde von seinem Vater und ihm geführt und war zugleich ein Treffpunkt für Musiker, viele von ihnen überzeugte Nazis. Das hinderte die Mehnes nicht daran, kein Hitlerbild im Geschäft aufzuhängen, obwohl das von jedem guten Bürger erwartet wurde. Sie weigerten sich auch, an den häufigen Flaggentagen die Hakenkreuzfahne aufzuziehen. Das alles machte sie verdächtig. Doch die Mehnes mißbilligten die Vorgänge und machten keinerlei Versuch, dies zu verbergen. Die Haltung dieser Menschen war vorbildlich. In der Tat gab es Deutsche – leider nicht genug –, deren Benehmen untadelig war.

Ich selbst war an diesem Tage nicht zu Hause. Ich war in Berlin.

In Breslau gab es keine jüdischen Cellolehrer mehr, und es war meinen Eltern nicht möglich, einen »arischen« zu finden, der den Mut gehabt hätte, einem jüdischen Kind Cellostunden zu geben.

Für mich bestand niemals ein Zweifel, daß ich Cellistin werden wollte. Meine Eltern erhielten damals die Genehmigung für mich, nach Berlin zu gehen und dort bei dem bekannten Cellisten Leo Rostal zu studieren und, da ich noch schulpflichtig war, Privatunterricht in den Schulfächern zu nehmen. Ich war dreizehn Jahre alt und wohnte im Hause meiner Privatlehrerin. Für mich war das alles ein großes Abenteuer. Ich kam mir sehr erwachsen vor, und leider habe ich diese Zeit nicht so genutzt, wie ich es hätte tun sollen. Aber ich konnte nicht ahnen, daß dies meine letzte Chance war, ernsthaft zu studieren.

Meine Privatlehrerin, eine ältere Dame mit sehr eigenartigen Gewohnheiten, war ein absolutes Unikum. Sie muß ihre Mutter sehr geliebt haben; wann immer sie an einem Gegenstand vorbeikam, der dieser gehört hatte, küßte sie ihn. Es hat einige Zeit gedauert, bis ich verstand, was sie da eigentlich immer an ihren Mund führte und warum. Ich fand das wahnsinnig komisch. Mein Zimmer war altmodisch eingerichtet, und ich erinnere mich heute noch, daß 57 Bilder an den Wänden hingen. Beinahe jeden Tag gab es das gleiche Essen: Fleischklopse und Rosenkohl. Das störte mich alles gar nicht. Ich war in Berlin, verehrte meinen Cellolehrer (was mich leider nicht daran hinderte, so wenig wie möglich zu üben), fand meinen »Schulunterricht« vormittags lächerlich leicht und spazierte mit Vorliebe im KaDeWe (Kaufhaus des Westens) herum. Manchmal ging ich auch ins Pergamon-Museum, wo ich die Nophretete bewunderte.

Nach dem 9. November kehrte ich nach Hause zurück. Es war für meine Eltern undenkbar, in diesen unsicheren Zeiten die Familie nicht zusammenzuhalten. Leo Rostal verließ Berlin und ging nach Amerika.

Meiner Schwester Marianne gelang es so ziemlich im letzten Augenblick, Deutschland zu verlassen. Sie war begeisterte Zionistin. Da ihr Ziel Palästina war, hatte meine Schwester eine Lehrzeit als Tischler absolviert, was damals noch sehr ungewöhnlich für ein Mädchen war. Sie mußte deswegen bittere Kämpfe mit meinen Eltern austragen, die sich noch nicht damit abgefunden hatten, daß die Tage eines Universitätsstudiums vorbei waren. Marianne hatte die Überzeugung, daß es ihre Aufgabe im Leben sei, nach Palästina zu gehen und zu helfen, das Land aufzubauen.

Aus Gründen, die ich heute nicht mehr weiß, fuhr Marianne zuerst nach England. Ich glaube, sie hatte einen Kindertransport zu begleiten. Ihr eigentliches Ziel erreichte sie erst viele Jahre später. Kurz nach ihrer Ankunft brach der Krieg aus, und sie verbrachte die Kriegsjahre in England. Sie wurde Mitglied einer Gruppe von Arbeitern (alles Männer), die Reparaturen auf dem Lande machten. Ihre Spezialität war die Ausbesserung von Reet-Dächern.

DIE FAMILIE WIRD ZERSTÖRT

Nach dem 9. November 1938 ging das Leben zunächst in mehr oder weniger normalen Bahnen weiter, auch wenn unser Begriff von Normalität damals bereits verzerrt war. Die Briefe, die ich an Marianne schrieb, geben die Atmosphäre dieser Zeit besser wieder, als ich es heute kann. Am 3. Juni 1939 schrieb ich ihr aus Breslau:

(...) Heute früh um 7 Uhr habe ich Eva zur Bahn gebracht (...) Das ›Heim‹ [wöchentliches Treffen der Jüdischen Jugendbewegung ›Werkleute‹] besteht jetzt nur aus Eva, Steffi und mir (...) Wir haben überhaupt nicht gesungen. Wir lasen Cornet (Rilke) und sprachen über Krieg. Steffi erzählte es aber zu Hause, und wir konnten es nicht weiterlesen. Dann kam Evas bevorstehende Abreise. Jetzt sind nur noch Steffi und ich da (...) Ich habe zur Herzel und Bialik Feier in der Schule gespielt. Ein Nigun und erster und dritter Satz aus der Marcello Sonate. Es war sehr schön. Alles siezt mich. Hoffmann [ein Lehrer], der zu einem Donnerstag-Quartett eingeladen war, hat mir zum Dank prima Noten geschenkt (...) Konrad [unser Freund Konrad Latte] hat Dir doch zweimal geschrieben, daß er unbedingt und zwar dringendst eine Bescheinigung braucht, daß er Mitglied der Werkleute ist. Warum hast Du nicht geantwortet? Sein Fall wird immer dringender, denn es sieht in jeder Beziehung schlimm aus. Du mußt die Sache etwas ernster nehmen, denn von so einer kleinen Nachlässigkeit hängt manchmal so viel ab. Vielleicht ist auch einer der Briefe verlorengegangen (...) Neulich war ich bei Hoppe Noten kaufen, und wie ich mir die so nichtsahnend ansehe, kommt mir etwas von Bruch unter die Finger. Das Männiken, das mir's verkauft hat, flüsterte mir ganz leise ins Ohr: »Nehmen Sie sich's, eh' ich's zerreiße.« Ich nehme es also, und was muß ich bemerken, wie ich näher hinsehe? Es ist das ›Kol Nidrei‹ [Hebräische Melodie, op. 47, 1881]. 2.50 M kostet es regulär, und er hat mir's geschenkt. Was sagste nu??? Du fragst, was ich den ganzen Tag mache. Üben, dann habe ich Englisch zweimal in der Woche, und jetzt bemühe ich mich auch, französische Stunde zu bekommen. Dienstag und Donnerstag gehe ich auf den Sportplatz. Es sind jetzt Jungen- und Mädeltage. Die Jungen haben natürlich drei und die Mädel nur zwei Tage. Pfui, pfui Teufel.

Für heute Schluß, schreibt sofort!!!!!!

Herzlichst Eure Anita

Meine Mutter schrieb an die Schwester:

B. 19.6.1939

Mein liebes Mariandel,

(...) die allgemeine Familienstimmung ist nicht gerade rosig, denn der Brief aus England hat uns doch sehr niedergeschmettert. Hoffentlich wird sich alles wieder einrenken, wenn nicht, weiß ich wirklich nicht was wir machen sollen. Außerdem haben wir seit langem von Onkel Eduard [dem Bruder des Vaters, der damals schon in den Vereinigten Staaten lebte] keinerlei Nachricht. Auch das ist nicht gerade ein beruhigendes Zeichen. Wenn doch wenigstens für die Kinder eine Aussicht wäre! Beide müssen doch bald wieder in eine geregelte Arbeit hinein. Da ich immer auf außergewöhnliche Dinge hoffe, könnte ja vielleicht doch der Brief an C. Erfolg haben. Jedenfalls Mariandel, tu was in Deinen Kräften steht, um uns zu helfen. Kannst Du nicht bei E. noch mal nach den Familien fragen, die sie schon mal für die Kinder hatte? Benütze die Zeit, da Du noch keine richtige Arbeit hast, um für Deine Schwestern und uns etwas zu tun. Du hast ja die Fotos. Zeige sie fleißig herum. Man muß doch wirklich alles versuchen! (...) Also mein Kindel, laß es Dir weiter gut gehen.

Herzliche Küsse von Deiner Mu

Die Andeutungen der Mutter wiesen auf Versuche, wenigstens für mich und meine Schwester Renate ein Einreisevisum nach England oder Amerika zu bekommen. Am 24. Juli 1939 schrieb ich:

Mein liebes Mariannenkind,

vielen Dank für Deinen lebensweisen Geburtstagsbrief. Daß ich jetzt mit 14 Jahren in ein gewisses Greisenalter komme, ist mir vollkommen bewußt und die Schwierigkeit des Durchführens meines Entschlusses auch. Aber ich bin der Ansicht, daß die Schwierigkeit vielleicht das Reizvollste ist – daß es schön ist, zu wissen, daß alles von einem selber abhängt. Entweder man schafft es, oder man schafft es nicht. [Ich hatte anscheinend meiner Schwester gestanden, daß ich Musik zu meinem Beruf machen wollte.]

(...) Nun zum weltlichen Teil: Das Telephongespräch hat meinem ohnedies schon äußerst ausgiebigen Geburtstag die Krone aufgesetzt. Es war wirklich wunderbar, wieder mal Deine ›schläsche‹ [schlesische] Stimme zu hören. (Dies nicht als Beleidigung aufzufassen.) Jetzt kommen die Geschenke nach der Reihe: Dieses Briefpapier (den Büttenrand nicht zu übersehen!), einen Koffer, eine ganz helle Aktentasche mit 100 Fächern, ein Gabardin-Kostüm, eine Nachttisch- und Schreibtischlampe, in einem zu verwenden, eine Radlampe mit Dynamo, graue Shorts (für letztere nimm 1000 Dank), »das Atlantisbuch der Musik«, Noten zum Dvořák-Konzert (...) eine Maniküre und einen Stempel, da mein alter kaputtgegangen ist.

[gestempelt:] Anita Lasker

Meine Mutter am 26. Juli 1939:

Liebe Marianne,

Dein gestriger Brief hat ja viele interessante Neuigkeiten gebracht (...) Du wirst in England viele Möglichkeiten haben, auf den verschiedensten Gebieten etwas zu lernen, und schließlich wäre es doch auch ganz nett, wenn Du wenigstens mit einem kleinen Teil Deiner Familie wieder zusammen sein könntest. Für uns wage ich ja noch nicht zu hoffen, trotzdem habe ich die Zuversicht auf unser gütiges Geschick noch nicht verloren. Wenn es nur für Renate und Anita jetzt irgendwie wird, wäre ich schon sehr zufrieden. Es wäre wirklich wunderbar, wenn Anita zu dem ersehnten Studium mit Casals käme! Du weißt ja, was für Renate am wichtigsten ist, aber trotzdem wäre es falsch, sie in eine zu strenge Zucht zu bringen. Sie ist eine Vögleinnatur, der man schaden könnte, wenn ihre Flügel zu sehr beschnitten werden (...) Also Mariandel, machs weiter gut.

Herzlichst, Deine Mutti

Es gab immer mehr Einschränkungen für Juden, und selbst unverbesserliche Optimisten wie mein Vater begannen an Auswanderung zu denken. Noch war der Krieg nicht ausgebrochen, und es war theoretisch immer noch möglich, auszuwandern. Nur ist es schwer, sich heute vorzustellen, *wie* schwierig es in Wirklichkeit war, dies in die Tat umzusetzen. Von deutscher Seite gab es unendliche Schikanen. Es wurden riesige Summen verlangt. Zum Beispiel wurden eine JUDENVERMÖGENSABGABE sowie eine REICHSFLUCHTSTEUER verlangt, bevor man die Erlaubnis bekam, Deutschland zu verlassen. Welch eine Ironie! (Ich besitze noch heute eine solche Bescheinigung, die meiner ältesten Schwester Marianne vom Finanzamt Breslau-Süd am 23. Mai 1939 ausgestellt wurde.)

Wenn man das alles beisammen hatte, bekam man eine UNBEDENKLICHKEITSERKLÄRUNG. Im Grunde war das nichts anderes als schamloser Diebstahl. Wenn man weg wollte – und konnte –, mußte man zahlen!

Dann kam das zweite Problem: EINWANDERUNG! Wie immer in solchen Fällen wurden die Einwanderungsbedingungen der anderen Länder schwieriger und schwieriger. Amerika, um nur ein Beispiel zu nennen, hatte ein Quotensystem: Von jeder Nationalität wurde einer vorbestimmten Anzahl von Menschen die Erlaubnis gegeben, einzuwandern. Mein Vater war im westpreußischen Kempen bei Posen geboren, und obwohl zu seinen Lebzeiten dort niemals Polnisch gesprochen wurde, bedeutete dies, daß wir auf der polnischen Quote waren, denn jenes Gebiet war durch den Versailler Vertrag an Polen gefallen. Bei den herrschenden Zuständen in Deutschland war die polnische Quote natürlich katastrophal überlastet. Wir waren registriert, aber unsere Nummer wäre wohl 25 Jahre zu spät drangekommen. Dazu kam noch ein anderes Problem: Wie sollte man draußen seine Familie ernähren!

Für meinen Vater – als Rechtsanwalt – schien dieses Problem absolut unlösbar zu sein. Allerdings ahnte man damals nicht, was noch alles bevorstand. Er hatte einige Beziehungen in England, ich glaube, es waren berufliche. Das würde die Briefe an die Firma Hutchinson and Cuff erklären. Hier ist eine kleine Auswahl der Briefe, die mein Vater damals in rührend schlechtem Englisch, offensichtlich mit Hilfe eines Wörterbuches, geschrieben hat, und einige der Antworten. Sie drücken den hoffnungslosen Kampf besser aus, als ich es kann.

C o p y

Breslau, 20th July 1939

German Jewish Aid Committee
Woburn House-Upper Woburn Place,
London WC1

I thank you for your letter of the 17th July.

In view of the good chances which you attributed to my application in your letter of the 22nd of June, my hopes have been very disillusioned by your last decision.

In the meantime my brother [Eduard] wrote me from New York on the 2nd of July as follows: ›(...) the Committee would have no success with the British Government, unless a sufficient deposit would be made in London to cover the expenses for your living during the next five years at least, and the ones for Edith and the children for two years.‹ These expenses have been estimated there at $ 650.– for an adult and for one year, and at $ 150.– for each child, so that it would be necessary to deposit $ 300.– for the children, and besides $ 250.– for the travel to America; that will be a little over $ 5 000.– altogether.

(...) I can only suppose that no acknowledgement of the deposit which my cousin in Basel payed to you at the Midland Bank on the 9th of May, has come to your deeds (...)

Further I have noted that you only stated in your letter of 17th inst. my high waiting number for America without expressing your opinion about my eventual plans for re-emigration to Palestine (...) With regard to all those circumstances I ask you to let me kindly know if you are willing to make a further examination of my case.

I take this opportunity to ask you furthermore if it would be possible to lend the amount deposited to the Midland Bank for a few months on account of getting some interests. It would be a pity to loose them during the long time of negotiations. Thanking you in advance,

I am yours faithfully,
signed: Dr. Lasker

C o p y

Breslau, 23rd July 1939
Strasse der SA 69

Dear Mrs. Wolf,

I beg to inform you that we have got a refuse from the Aid Committee in London, owing to our high waiting number for America. The committee asks me to present alternative plans for re-emigration (...)

We are very discouraged by this answer and are now forced to get out our children as quick as possible.

Fortunately we have got a good chance to settle our youngest daughter Anita in France, where she would be able to continue her studies on the violoncello. We hope this chance will be realised, so that only Renate – fifteen and a half years old – would have to be settled in England. Perhaps it would be easier to find hospitality for my daughter Renate, if I inform you that she would get a security of £50 and that it would be no more necessary to make a deposit for her.

I am so sorry to trouble you with my great sorrows again; but the new turn of things made the situation for my children more urgent than ever. We are very thankful to you that you took matters in hand, and we confidently hope that things will be getting on with your kind help.

I am yours very sincerely,
signed: Alfons Lasker

C o p y

Breslau, 5th August 1939

Ms. Hutchinson & Cuff
Solicitors
London WC2
Re: Permit

Dear Sirs,

I thank you for your letter from July 24th. – Just now I received from the committee the following advice, which is discouraging me again:

›We thank you for your letter of 20th of July and if you would be good enough to send us your full plans for emigration to Palestine and a copy of your landing permit, we shall be pleased to continue with your application.‹

(...) Actually I am not able to present a landing certificate for Palestine; moreover the immigration there has been bared till the 1st April 1940.

(...) Perhaps it would be suitable as well to direct the attention of the committee on the actual negotiations in Washington endeavouring to facilitate the emigration to USA. As my brother is an American citizen we may account that it will be our turn in a short time for getting a preference quota.

(...) Fortunately my flat is not hired yet so far, and I am trying to prolong the agreement with my landlord for three months.

I am looking forward to your further news with tension.

Yours faithfully,
signed: Dr. Lasker

In einem weiteren Brief dankte mein Vater einer Miss Wanklyn, die sich darum kümmerte, Familien zu finden, die jüdische Kinder aufnehmen würden. Mr. Fisher, der Renate in seiner Familie beherbergen wollte, war Pfarrer.

C o p y

Breslau, 15th August 1939
Strasse der SA 69

Dear Miss Wanklyn,

(...) we know by Mrs. Wolf that we have to thank that invitation to your deep interest in our situation and to your endless troubles. It is so difficult for us to express our thankfulness in the English language as we should like to do. But let me add that we thank you especially so much for taking up a moral guaranty for Renate at Mr. and Mrs. Fisher, and for her further care after her being over there. You may be sure that Renate will not disappoint yourself and Mrs. Wolf (...) We are happy that Renate will go to them. We have no scruples in the point of religion and are fully trusting in the tact of the family Fisher.

It stands to reason that the 50 pounds which our relations can give for Renate will be available on behalf of Rev. Fisher if it is not necessary to make a deposit with the Aid Committee. It was so kind of you and of Mrs. Wolf that you proposed to bring up the sum yourself eventually; but it would be very painful to us to be charging you with costs, after all the troubles which we have caused to you in this matter and you are willing to take up in future on behalf of Renate (...)

As I wrote to Mr. Fisher it will be probably possible for Renate to arrive over there about the middle of September.

I am writing to you a typed letter, because you will have difficulties enough to understand my beginner-English. I shouldn't like to double these difficulties by my handwriting. Let me repeat once more our deep and heartfelt thanks. We hope to be able to express our gratitude personally one day.

Yours very sincerely,
signed: A. Lasker

Und hier sind einige Antworten, die mein Vater bekam:

17th July 1939

Dr. A. Lasker
Kaiser Wilhelm Strasse 69
Breslau 13
Germany

Dear Sir,

Further to your letter of the 22nd of June, and yours of the 11th July, enquiring as to the position of your case, we regret to inform you that we are unable to proceed with the matter in view of your very high waiting number for America.

In view of this decision we advise you to endeavour to obtain alternative plans for re-emigration and on receipt of such information, we assure you that we will do our utmost to assist you.

Yours faithfully,
(German Jewish Aid Committee)

18th July, 1939

Dear Dr. Lasker,

A letter from Miss Lindsay (...) reached me some weeks ago. This letter asks my help to get your two daughters aged fifteen and thirteen over to England. It was impossible for me to extend an invitation to them to come to me (...), but I have been, and still am doing all I can to help your daughters.

Please don't take my long silence for indifference (...) At present I can report nothing definite, but am continuing to do all in my power to help and will write to you immediately if I am successful.

Yours sincerely
signed: Josephine R. Wolf

Sämtliche Auswanderungsversuche, die mein Vater für die Familie unternahm, schlugen fehl, und die verzweifelten Anstrengungen, wenigstens uns Kinder noch herauszubekommen, scheiterten schließlich, als der Krieg ausbrach. Auch für meine Schwester Renate, die von Reverend Fisher in London aufgenommen werden sollte, war es nun zu spät.

Mein Vater schrieb noch am 12. August 1939 in seinem schlechten Englisch einen Dankesbrief an diesen Pfarrer:

Copy

Breslau, 12th August 1939

Dear friends,

The contents of your letter and the manner how you offer to us the hospitality in your home for Renate encourages me to return your kind adress. I read out your letter twice to my family and each time I saw some tears in the eyes of my wife.

The same day I received a letter from Mrs. Wolf, the next day a report from Marianne, and two days after a letter from Miss Wanklyn. We are quite embarrassed still by so much goodness and it is not easy for me to find the right words – especially in a foreign language – expressing our real feelings.

You tell us in your letter that many Jews on the continent have seen a poor representation of what Christianity really is. On reading these words I remembered unvoluntarily the situation of distress in which Schiller once received a letter from the Duke of Augustenburg with the quite unexpected offer of an annual pension. I would reply to you the same as Schiller did to the Duke: ›One sole noble deed restores the belief in pure humanity that is beaten down by so many examples of reality.‹

(...) We are very glad to send you our daughter, fully trusting to the spirit of your home that we have met in your letter. In these days I also read your two writings you had been kind enough to enclose, and I believed to find there, in metaphors, the same ideas which your letter expresses in the language of heart.

We have no scruples regarding your opinions about what Renate will be to do, without any distinction between herself and Nancy. We think that the customs of faith are less important than its spirit. Should it have merely been fortuitousness that you quoted, at the end of your letter, a sentence of Christ which Hillel has marked – with nearly the same words, I think – as the chief truth of the Jewish faith?

At last I take the liberty to speak with you about some practical points: I hope to get the permit for Renate to enter your country till the end of August. But the formalities to be fulfilled here might take about three or four weeks. So Renate will hardly be able to leave Germany before the 10th of September. [Am 1. September brach der Krieg in Deutschland aus, am 3. in England.]

As far as we are informed, a certain school dress is prescribed in England. As it is rather impossible to transfer any money from Germany into a foreign country, it would be very good to make the dress here. My wife could do it herself, if you kindly would send us a sketch and a pattern. We should be thankful too for some instructions about stockings, shoes, hat, and the like.

Further, it would be a special pleasure for us to know some wishes of Nancie. The only use of money possible to us is to buy some things which are allowed to take along. So we should like to give a pleasure to your daughter Nancie.

We hope that Nancie and Renate shall become good friends. Renate is a jolly and sociable girl. She feels well what kind of home she is going to enter, and will do all to prove herself thankful to you.

We well understand all that you had written to us in English and German; but in writing myself an English letter I feel rather insecure.

We have been very pleased, after receiving your letter, to make your personal acquaintance ›in effigie‹ by the photos we got from Marianne. We shall beg to send you our own photos on occasion.

With hearty thanks for all your kindness and with friendly greetings to yourselves and Nancie,

Yours very sincerely,
signed: A. Lasker

Wie man also sieht, schien die Rettung greifbar nahe zu sein! Ich selbst war drauf und dran, nach Paris zu gehen, was natürlich letzten

Endes auch keine Sicherheit bedeutet hätte, da die Stadt kurz danach von den Deutschen besetzt wurde.

Am 26. August 1939 schrieb mein Vater an Marianne:

> (...) nun ist ja mit einem Schlage alles verändert. Mein ausführlicher Brief ist durch die Ereignisse längst überholt. In Berlin erhielt ich noch einen Brief von Odettes Bruder mit einer persönlichen Garantie für Anita. [Odette war unsere ehemalige Gouvernante.] Überholt. In Breslau fand ich Deinen Brief mit der chilenischen Anregung vor. Überholt. Und heute früh kamen die beiden Unbedenklichkeitsbescheinigungen für Renate und Anita. Alles überholt.
>
> (...) Um uns brauchst Du Dir keine Gedanken zu machen. Sollte die Postverbindung eines Tages aufhören, so wird man Briefe wahrscheinlich über neutrale Länder leiten können (...) Renate und Anita sind jetzt unsere Sorge. So unmittelbar am ersehnten Ziel wieder alles fallen lassen zu müssen, das ist bitter. Ich gebe bei England noch nicht ganz die Hoffnung auf, daß Permits and Visa über neutrale Konsulate geleitet werden. Aber schließlich ist alles Persönliche heute unwesentlich gegenüber der Frage: was wird aus Europa werden? (...)

Meine Mutter:

> Mein geliebtes Mariandel,
>
> (...) Jetzt werden wir wohl längere Zeit nichts von einander hören, und wir werden Deine Nachrichten sehr vermissen. Ganz besonders traurig sind wir für Renate, es wäre eben alles zu schön gewesen. Gestern bekamen wir noch zwei wunderbare Briefe von Fishers, die ich sofort beantworten will (...) Tita ist natürlich auch sehr traurig, sie will doch so gerne wieder richtig arbeiten (...)

Ich selbst schrieb im selben Brief:

> Meine geliebte Schwester,
>
> hoffentlich habe ich noch Gelegenheit, eine Antwort auf meine Briefe von Dir zu bekommen. Aber es ist ja jetzt alles so unwesentlich. Hoffentlich ist alles noch zu bewenden (...)

Es war nichts mehr zu bewenden. Der Krieg brach ein paar Tage später aus, und damit war alle Hoffnung verloren. Wir waren endgültig gefangen. Das tägliche Leben wurde immer schwieriger. Lebensmittel wurden rationiert, und Juden hatten ein »J« auf ihren Karten und durften nur zu bestimmten Zeiten einkaufen ... Wir mußten den gelben Stern auf unserer Kleidung tragen usw.

Die Deportationen begannen bald nach dem Ende des sogenannten Polenfeldzuges ernsthaft.

Trotz allem hatte das Leben für uns immer noch den Anschein relativer Normalität. Ich kann wirklich sagen, daß ich eine sehr glückliche Kindheit hatte. In unserer Famlilie herrschte absolute Harmonie. Wir wohnten in einer großen Wohnung und erlaubten uns gegenseitig viel Freiheit. Wenn es Wolken gab, dann als Resultat der äußeren Umstände. Es gab wenig Regeln bei uns, aber doch einige, die unbedingt zu beachten waren. Zum Beispiel durften wir Kinder niemals in einem Lehnstuhl sitzen. »Lümmele doch nicht herum!« Es kam einfach nicht in Frage, daß man einfach so dasaß, ohne etwas zu tun. Ich höre noch heute die Stimme meiner Eltern: »Tu doch mal was!« Ich bin immer noch nicht ganz darüber hinweggekommen und fühle mich schuldig, wenn ich manchmal Lust habe, mitten am Tag ein Buch zu lesen.

Eine unantastbare Einrichtung in unserer Familie war der Sonnabendnachmittag. Wir versammelten uns ohne Fehl um den Tisch, tranken Kaffee und hatten – bis zum Krieg – eine phantastische Auswahl von »Zehnpfennigstücken«, einem süßen Gebäck. Mein Vater erzählte Geschichten über den Weltkrieg und die Schützengräben oder las uns vor. Bei einer solchen Gelegenheit machte ich meine erste Bekanntschaft mit Goethes *Faust*. Wir setzten diese Tradition bis zum bitteren Ende fort.

In einem Brief an Marianne im Juli 1940 – und ich überspringe jetzt eine erhebliche Zeit – erwähnte mein Vater, daß wir gerade Schillers *Don Carlos* fertig gelesen haben. Um die Qualität eines Menschen, wie mein Vater einer war, richtig einzuschätzen, darf man nicht vergessen, daß die Kulisse zu unseren Lese- und Musikstunden der Krieg und die ständige Drohung der Deportation war. Er schrieb:

(...) Du wirst inzwischen gehört haben, daß unsere schönen Reisepläne im allerletzten Augenblick wieder ins Wasser gefallen sind. Vielleicht sind sie damit nur aufgeschoben – vielleicht! Wir haben dann noch den Plan gefaßt, zum Kapellmeister Sander überzusiedeln [damit ist gemeint: In Berlin unterzutauchen], aber auch daraus ist nichts geworden. Dann wird es Dich interessieren, daß wir seit etwa zwei Monaten die alte Tradition der Sonnabend-Kaffees wieder zum Leben erweckt haben, allerdings in einer veränderten Form: an den Kaffee schließt sich eine dramatische Vorlesung an (manchmal folgt sie auch erst am Abend). Erst kam der Don Carlos an die Reihe; dann haben wir uns an den Faust herangewagt, dessen ersten Teil wir gerade beendet haben. Ich glaube, daß dies eine gute Idee war und daß alle Beteiligten ihre Freude daran gehabt haben (...)

Aus den Briefen an Marianne geht auch hervor, daß mein Vater noch bis 1941 verzweifelte Versuche unternahm, aus Deutschland herauszukommen.

Am 25. März 1940 schrieb er an Marianne (ohne Ort und Datum, das ich aber erschließen konnte):

(...) In den letzten zwei Wochen habe ich wie ein Wahnsinniger gearbeitet. Auch an den beiden Ostertagen klapperten die Schreibmaschinen von früh bis abend. Das Tempo der Abwicklung unterschätzt man leider sehr, und der 15.4. dürfte der Zeitpunkt unserer Reise sein. Immerhin schreibe ich schon heute unsere künftige Adresse: c/o Dott. Boscarolli, via Piemonte 14, Bolzano. Wenn Du uns hierher noch 2 Pf. Kaffee schicken würdest, so wäre das herrlich.

Leb wohl (...) Fosch

Meine Mutter schrieb am 6. April 1940:

(...) es war wirklich eine große Freude, wie das Paket heute bei uns eintraf. Es sind ungeahnte Herrlichkeiten darin gewesen. Es kam gerade im richtigen Augenblick, denn Vati ist von den letzten Arbeitswochen so abgekämpft, daß ich ihn jetzt richtig aufpäppeln kann, und der Zaubertrank regt ihn immer wieder an. Anita kriegt Anfälle, wenn sie nur den wunderbaren Duft einatmet. Also vielen herzlichen Dank von uns allen (...) Wir haben noch immer nicht unseren Reisetag festgesetzt. Es hängt noch an einigen Formalitäten, und außerdem ist Vati mit seinen Nerven so herunter, daß er sich einige Stunden am Tage ins Bett legen muß und nur sehr begrenzt arbeiten kann. Seit gestern ist er aber wieder frisch, und wir hoffen sehr, ungefähr am 18. oder 20. reisen zu können. Anita und ich müssen jetzt ständig Abschiedsmusiken machen; wenn wir nicht mehr hier sind, ist jedes Quartettspielen unmöglich. Es gibt keine Geiger und keine Cellisten. Und ob wir wieder ein Quartett zusammenbekommen, ist doch auch sehr fraglich (...)

Offensichtlich konnte Marianne uns manchmal Pakete schicken. Es schien immer noch eine Möglichkeit zu geben, nach Italien zu gehen! Was genau sich mein Vater von Italien erwartet hat, ist mir heute unklar. Aber alles zerschlug sich immer wieder im letzten Moment. Ich erinnere mich noch, wie wir alle auf das italienische Konsulat gingen, der Beamte schon seinen Stempel in der Hand hielt und dann im letzten Augenblick zögerte, da irgendeine Bedingung doch noch nicht erfüllt war, und wie wir alle niedergeschlagen wieder nach Hause gingen. »Zu Hause« war schon nicht mehr unsere schöne Wohnung auf der Kaiser-Wilhelm-Straße (später »Straße der SA«). Diese Wohnung mußten wir verlassen und fanden bei der Schwester meiner Mutter Unterkunft. Deren Wohnung war klein, und wir hausten dort zusammengepfercht. Meine Erinnerungen an dieses Zusammenleben sind nicht erfreulich, aber wir mußten froh sein, überhaupt ein Dach über dem Kopf zu haben. Wir nährten uns hauptsächlich von der Hoffnung, daß dies nur ein vorübergehender Zustand sei.

Ich ersehe aus den Briefen, daß mein Vater trotz des Fiaskos auf dem italienischen Konsulat immer noch nicht die Hoffnung aufgegeben hatte. Hoffnung war ein Elixier. Eine Lebensnotwendigkeit. Man kämpfte einfach weiter – Krieg oder kein Krieg. Abgesehen von den ständig zunehmenden Verfolgungen und Restriktionen für

Juden, an die man sich langsam gewöhnt hatte, konnte man sich beinahe vormachen, dies sei ein Status quo, der unbegrenzt anhalten würde.

Wir versuchten uns damit abzufinden, in Deutschland bleiben zu müssen, und nahmen alle möglichen Aktivitäten auf. Ich hatte Unterricht in Harmonielehre und spielte viel Kammermusik. Wir waren nicht so verzweifelt, wie wir es hätten sein sollen. Man ahnte nicht, was alles bevorstand.

Meine Mutter schrieb am 15. Januar 1941 an Marianne:

> (...) wir vier sind noch alle hier vereint. Tita [Anita] ist auch nicht mehr ausgerissen und wird Dir selbst erzählen, was sie tut. Das Zusammenleben mit Käthchen, Ernst und Hund [Schwester und Schwager meiner Mutter, die, obwohl offiziell verboten, ein Tier hielten] ist nicht immer ein reines Glück, aber leider ist eine kleine Wohnung für uns schwer zu finden, und außerdem haben wir ja kaum noch Sachen zum Einrichten. Wir machen den Haushalt gemeinsam, und ich komme dadurch leider wenig zu meiner Geige und versuche mich wenigstens mit Kammermusik einigermaßen in Übung zu erhalten. Glücklicherweise habe ich hier noch eine Nähmaschine und habe sogar schon für Leute außerhalb der Familie genäht (...) Ich möchte so viel von Dir wissen und hoffe, daß wir recht bald wieder etwas von Dir hören (...)

Was mich betrifft: Ich befand mich nach meiner Rückkehr aus Berlin in einer Art von »no man's land« – an das »Ausreißen«, von dem meine Mutter sprach, erinnere ich mich nicht. Ich hatte die Schule verlassen, um konzentriert Cellostunden zu nehmen. Damit war es aber, wie bereits erwähnt, mit der Kristallnacht zu Ende. In Breslau fand ich keinen Lehrer mehr, der mich unterrichten wollte. Während wir immer noch hofften, Deutschland irgendwie verlassen zu können, lohnte es sich nicht, noch etwas anzufangen. Als es dann aber endgültig klar wurde, daß an Auswanderung nicht mehr zu denken war, entschloß ich mich kurzum, wieder in die Schule zu gehen. Ich wüßte selbstverständlich das genaue Datum, an dem die Jüdische Schule zu existieren aufgehört hat, nicht mehr, wenn ich nicht die Briefe hätte, die die Familie an meine Schwester nach England schrieb.

Ich schrieb am 15. Januar, im selben Brief wie meine Mutter:

(...) Du glaubst doch sicher, daß ich mich dem Cellostudium ›widme‹, aber weit gefehlt: Ich gehe seit 14 Tagen wieder in die ...... Schule. Wenn Du Dich von dem unvermeidlichen Ohnmachtsanfall erholt hast, kannst Du weiterlesen. Zu dem Entschluß kam ich endlich, als ich das ewige Nichtstun fast nicht mehr aushielt, und weil ein Cellostudium leider unmöglich ist. Verrückt wie ich bin, habe ich natürlich alles wahnsinnig übertrieben und habe in 4 Wochen 2 Jahre Schulzeit nachgeholt, so daß ich jetzt in derselben Altersstufe bin, aus der ich abgegangen bin. Also Obersekunda. Ich muß aber einige Aufnahmeprüfungen machen, und vorgestern habe ich sie schon in Latein und Deutsch gemacht. Nächste Woche geht es weiter. In Latein bin ich jetzt schon die Beste.

Von Leuten, die Du noch kennst, ist nur noch die dicke Suse übrig. Der Schulbetrieb ist aber sehr gemütlich, wir sitzen um Tische und haben wegen Raummangel nachmittags Schule. Unser altes Schulhaus haben wir seit circa 4 Wochen nicht mehr. Die Lehrer kennst Du auch fast alle nicht mehr. Nur F. und L. sind noch von der alten Garde (...) Aber um der Muse Musika nicht ganz untreu zu werden, habe ich heroischerweise meine Studien bei Freund Eierbauch [Max Auerbach war sein richtiger Name, und er unterrichtete Harmonielehre] wieder aufgenommen. Entweder ist er anders geworden, oder ich habe einen Teil meiner Verblödetheit eingebüßt: jedenfalls vertragen wir uns ausgezeichnet, und ich habe wirklich schon viel bei ihm gelernt.

Was es mich an Mut gekostet hat, zu ihm zurückzugehen, wirst Du Dir vorstellen können, wenn Du Dich an die damalige Zeit erinnerst. Ich hatte doch einen richtigen Eierbauch-Wahn (...) Lattes ziehen in den nächsten Tagen um. [Die Familie ging nach Berlin, in der Hoffnung, dort unterzutauchen.] Daß Gabi am 5. Januar den zweiten Todestag hatte und am 28. ihren sechzehnten Geburtstag gehabt hätte, hast Du doch wohl nicht vergessen

[Gabi Latte war Konrads Schwester und meine beste Freundin. Wir waren unzertrennlich. Sie starb am 5. Januar 1938. Damals gab es noch kein Penizillin.] (...) Entschuldige meine Klaue und überhaupt diesen wirren Brief. Ich bin wahnsinnig müde. Ich habe in den letzten Wochen doch ziemlich viel gearbeitet. Ich male mir so oft aus, wie es wäre, wenn Du plötzlich ins Zimmer kämst, und ich finde, daß es endlich mal Zeit wäre, daß dieser Moment wirklich kommt. In diesem Sinne küsse ich Dich unzählige Male so wie ich früher immer nach dem Mittagbrot und nach dem Aufwachen getan habe, wenn Du mit ganz verkudelten Haaren ins Zimmer kamst. Ich grüße Dich in aller Herzlichkeit.

Deine Anita

Und Renate schrieb:

Liebste Marianne
nun bin ich schon einen Tag 17 Jahre alt und komme mir ganz unheimlich dabei vor. Leider mußte ich ihn in krankem Zustand begehen. Dazu muß ich Dir aber erst eine lange Vorgeschichte erzählen. Ich hatte Ende Dezember bei einer Arbeit angefangen, bei der ich mir eine sehr häßliche eitrige Mandelentzündung zuzog. Dann wurde ich gesund, ging aus, mit ärztlicher Erlaubnis, aber es dauerte nicht lange, da trat ein Rückfall ein. Aber nun bin ich schon wieder auf dem Weg der Genesung. [Renate bezieht sich hier auf ihre Arbeit bei der Müllabfuhr, wo sie »kostbare« Dinge wie Zahnpastatuben und allerlei Metalle zwischen toten Ratten aussortieren mußte. Sie wurde so krank, daß sie provisorisch zurückgestellt wurde.]

(...) Zum Geburtstag bekam ich Gesangsnoten und eine sehr schöne gestickte Bluse von der Mutti (...) Schreib schleunigst,

Deine R.

Mein Vater schrieb noch am 24. Januar 1941 – das späte Datum erstaunt mich selbst:

(...) Die große Neuerung ist, daß Anita wieder zur Schule geht. Man könnte sich Vorwürfe machen, daß sie die zwei Jahre, die doch nur in recht unvollkommener Weise dem Cello gewidmet waren, versäumt hat. Aber tatsächlich hat sie dieses Versäumnis innerhalb von vier Wochen so nachgeholt, daß sie mit ihrer früheren Klasse vollständig mitkommt und jetzt noch obendrein einige Lateinstunden gibt. Und dann hat sich noch etwas Merkwürdiges gezeigt. Wenn man jahrelang hintereinander die Schule besucht, dann meldet sich stark die Langeweile, so daß man den Zwang stärker als den Nutzen empfindet. Hier hat die Unterbrechung aber dazu geführt, daß Anita das Fortvegetieren in Unwissenheit selbst als einen Übelstand empfunden hat und sich nun mit Macht und Vergnügen in den Kampf legt. Ich bin erstaunt, wie leicht ihr alles fällt, und es wäre bei ihr gar kein Fehler, wenn sie noch das Abitur erschwingen würde. Wir wollen aber vorläufig gar keine Pläne machen. Übrigens ist auch eine ganz improvisierte Prüfung durch den ersten Kulturbund-Dirigenten vorzüglich ausgefallen (...) Renate hat Dir wohl auch von ihrer Mandelentzündung geschrieben, die jetzt glücklich vorüber ist. Aber sie sieht noch sehr zart und erholungsbedürftig aus. Die Gesangstunden hat sie jetzt wieder aufgenommen. Ihre Lehrerin hält sehr viel von ihrer Stimme (...) Ich gedenke demnächst, wenn ich mich von den Strapazen der letzten zwei Monaten etwas erholt habe, mich auch wieder einmal einer Überholung meiner Stimme zu unterziehen, damit sie nicht gänzlich verwahrlost (...) Seit kurzem ist übrigens die Frage eines Besuches bei Onkel Eduard wieder in ein aktuelles Stadium getreten. Wir stehen in dieser Hinsicht in einem lebhaften Briefwechsel (...) Leb wohl und schreib wieder mal!

Viele viele Küsse (...)

Ein Brief von mir an Marianne:

Januar 1941

Liebste M.

Ich schreibe Dir im Bett, denn außerhalb desselben habe ich einfach keine Zeit dazu. Du kannst Dir einfach nicht imaginieren, was ich zu tun habe. Denn außer der Schule, die mich jeden Nachmittag und auch etliche Vormittage in Anspruch nimmt, habe ich auch noch zwei Mal in der Woche Auerbach [Harmonielehre] und gebe 3 Leuten lateinische Nachhilfestunden, was mir eine ganz erkleckliche Summe einbringt. Zu allem Übel ist hier ein Konzert im Kulturbund, in dem ich eine Sonate spiele. Das Konzert wird nicht weniger als 4 x wiederholt. Jedenfalls, wenn ich wüßte, wo es Zeit zu kaufen gibt, wäre ich sehr froh. Wenn Du wüßtest, wie ich Dich allen Deinen Leuten dort mißgönne! Ich kann mir so richtig vorstellen, wie Du mit Deinem frechen Gesicht dort die ganze Bude auf den Kopf stellst. Ich finde, es wäre höchste Zeit, daß wir das wiedermal zusammen tun können.

In diesem Sinne küßt Dich 100 000 mal von Herzen,

Deine todmüde A.

Meine Mutter:

21. Februar 1941

Mein geliebtes Jandel:

vorgestern kam Dein Geburtstagsbrief für Großfloh [die Großmutter Lasker] mit nur einer Woche Verspätung (...) Sie hat sich sehr damit gefreut. Allerdings wäre die Freude noch größer gewesen, wenn sie ihn selbst hätte lesen können, aber das ist selbst für jüngere Augen beinahe unmöglich. Renate hat ihn schließlich entziffert und vorgelesen (...) Du schreibst von Deinem Verhältnis zu Deinen Zöglingen, und wie Du Dich bemühst, ihnen etwas Kultur zu vermitteln. Es ist wirklich schön für uns, daß Du es empfindest, unverlierbare Werte in Dir zu tragen und diese auf andere Menschen übertragen zu können. Du weißt, wie schmerzlich ich es oft empfunden habe, daß Du Dich vor uns so verschlossen hast und wir uns im innersten Wesen fremd geworden waren. Wie schön wäre es, wenn wir jetzt zusammen leben könnten, ich merke es immer wieder an Deinen Briefen, daß alles ganz anders wäre. Wir vier haben uns hier ganz eng zusammengeschlossen, denn Du wirst Dir denken können, daß die nahe Nachbarschaft von Ernst und Käthe nicht gerade erhebend wirkt. Oft sitze ich am Abend mit den Kindern in ihrem winzigen Zimmer, sie singen mir Kanons vor und bemühen sich vergeblich, mir die dritte Stimme beizubringen, oder Renate erzählt mir einen Film oder anderen Blödsinn, und immer sagen wir, wenn jetzt das Jandel hier wäre! Anita macht Dich dann nach, wie Du immer morgens verschlafen mit aufgeblasenen Backen in ihr Bett getaumelt bist und wie ihr dann noch stundenlang gekuschelt habt. Wie schön damals alles war, haben wir gar nicht gewußt!!! Na, vielleicht sitzen wir doch wieder einmal zu fünfen um einen gemütlichen runden Tisch! (...) Wir hoffen so sehr, daß Onkel Eduard etwas für uns tun kann, aber leider hat sich bis jetzt nichts gerührt (...) Die Sache mit der Ruhmesmauer, in die sein Name [eine Ehrung des Schachmeisters] mit 600 anderen Auserwählten eingraviert ist, hatte ich Dir ja geschrieben (...) Daß das Rheuma weg ist, freut uns sehr. Beiliegende Bilder haben wir zu Großflohs Geburtstag machen lassen. Ganz so scheußlich wie auf dem Bilde sehe ich nicht aus (...)

Für heute viele tausend Küsse, Deine Mu

Mein Vater:

7. März 1941

(...) Da wir nun gerade bei Theatern und Konzerten sind: Tita ist gestern zum ersten Male, wenn ich von den Schulkonzerten absehe, öffentlich aufgetreten (...) Es war ein großer Erfolg. Sie spielte ganz sicher, und der Beifall war, besonders bei den wirklich musikalischen Zuhörern, ganz einstimmig (...) So sehr wir bedauern, daß Tita nun so lange keine richtigen Stunden mehr hat, möchte ich es eigentlich doch nicht wünschen, daß sie so bald wieder aus der Schule herausgerissen wird, in der sie jetzt vollkommen mitschwimmt. Am Tage des Konzerts hat sie gerade eine Lateinarbeit zurückbekommen. Es war mit einer anderen zusammen die beste Arbeit, was nach einer Pause von zwei Jahren immerhin etwas heißen will. Auch im Zeichnen ist sie ganz obenauf. Wenn Du ihre perspektivischen Zeichnungen sehen würdest, so würde wahrscheinlich Dein Herz lachen, zumal ja dies zu Deinem eigenen Fach gehört. Alles deutet darauf hin, daß in Anita ein Kerl steckt. Eine kleine Kehrseite ist freilich auch dabei. Anita geht jetzt meistens recht spät schlafen, denn um nach zwei versäumten

Jahren mitzukommen, hat sie eben verdammt viel zu arbeiten (...) Hoffentlich werden wir auch bald wieder von Dir etwas hören.

Viele herzliche Küsse von uns allen
Dein Fosch

Sehr viel länger hielt diese Scheinnormalität aber nicht mehr an.

Es ist interessant, daß die Schule, die man ja gehaßt hatte, sich in einen Zufluchtsort verwandelte, in dem lateinische Vokabeln »lebenswichtig« waren, während die Welt ringsum in Stücke fiel. Ich werde nie vergessen, wie wir uns, nachdem die jüdischen Schulen geschlossen waren, mit vollkommener Selbstverständlichkeit in den Privatwohnungen der Lehrer trafen, um wenigstens noch ein bißchen weiterzulernen.

Im April 1941 schrieb ich an meine Schwester:

(...) jetzt ist schon der zweite Geburtstag, an dem ich Dir nicht persönlich gratulieren kann, aber die Küsse und die vielen Wünsche, die ich Dir schicke, sind um so herzlicher. Wie ich hier sitze und Dir schreibe, habe ich vier der Konzerte hinter mir, in denen ich einen durchaus nennenswerten Erfolg verzeichnen konnte. Zweimal machte ich sogar eine Zugabe (...) Heute bekamen wir die sehr wenig erfreuliche Nachricht, daß die Höhere Schule in den nächsten Tagen aufgelöst wird. Was das bedeutet, ist vorläufig noch nicht zu ermessen. Weder für Lehrer noch für Schüler. Vorläufig haben wir aber noch keinerlei Nachricht, was werden wird. Ich hörte nur, daß evtl. 10 der besten Schüler an irgendeine andere Schule verschickt werden, und zu diesen 10 gehöre ich auch. Das Schicksal unserer Schule steht aber durchaus nicht allein da. Konrad [Latte], der seit ein paar Tagen wieder hier ist, bekam heute die Nachricht, daß seine Schule auch aller Wahrscheinlichkeit nach auffliegen wird. Vorläufig haben wir aber noch keinerlei Nachricht, was werden wird. Und so etwas kommt natürlich immer, wenn man sich gerade eingearbeitet hat (...) Wir machen – oder besser machten in der Schule (seligen Angedenkens) Projektionszeichnungen. Es macht mir großen Spaß, und als der Hadda sich neulich meine Zeichnungen ansah, sagte er mir, daß ich durch

Dich ja zu besonders gutem Zeichnen verpflichtet bin. [Albert Hadda war unser Zeichenlehrer. Er war mit einer Arierin verheiratet, und beide haben sich bis zum Schluß rührend um uns gekümmert und sich überhaupt bewundernswert benommen.] Bis jetzt habe ich auch für alle Arbeiten 1 gehabt (...) Wir machten neulich einen sehr schönen Klassennachmittag. Wir lasen aus Tolstois Volkserzählungen: Wovon die Menschen leben. Kennst Du es? Und dann spielten wir das ganze ›Der Tod und das Mädchen‹, vom Busch-Quartett geradezu unheimlich schön gespielt. Hast Du eigentlich Gelegenheit, mal Kammermusik in Natura zu hören? (...) Ich glaube es gibt beim besten Willen nun nichts Mitteilenswertes mehr. Trage Deine zweite ›0‹ in Ehren [Marianne hatte gerade ihren zwanzigsten Geburtstag] und nimm nochmals meine allerherzlichsten Glückwünsche von

Deiner Anita

Renate half zu dieser Zeit meinem Vater bei der Arbeit in seinem sogenannten »Bureau«, das nur ein Winkel der Wohnung war. Sie schrieb an Marianne:

April 1941

Geliebte Marianne,

meinen allerherzlichsten Glückwunsch. Mit der Zeit gewinnst Du rapid an Altertumswert. Aber noch weiser, als Du schon bist, kannst Du ja schwerlich noch werden. Ach, wenn wir uns doch endlich mal wieder richtig anöden könnten!! Aber vielleicht dauert es jetzt gar nicht mehr allzulange. Gar nicht auszudenken! (...) Zur gefl. Kenntnisnahme schminke ich mich nicht, aber pudere mich dafür leicht, was man nicht sieht, aber die Haut der Pfirsichschale gleichen läßt (...) Ich habe wahnsinnig viel zu tun. Teils im Haushalt und dann als ›Tipse‹, da ich jetzt die ganze Korrespondenz für Va erledige (...) Ansonsten gebe ich Stunden und nehme auch letztere. Meine ›Sängerlaufbahn‹ läßt mich zuweilen leicht größenwahninnig erscheinen, aber Spaß macht's schon (...)

Für heute schließe ich den Brief sowie Dich in die Arme.

Immer Deine verrückte Re

Mein Vater:

3. Juli 1941

Mein geliebtes Mariandel,

(...) Heute möchte ich Dir nur mitteilen, daß es uns allen gut geht, nur bei Renate müssen wir eine Einschränkung machen: die Arbeit, die sie gegenwärtig zu leisten hat, ist eine große Strapaze für sie. Wir wollen aber hoffen, daß sie gut darüber hinwegkommen wird (...)

Vor zehn Tagen bekam ich plötzlich einen Anruf von Graf Künigl [ein wichtiger Klient meines Vaters in Südtirol, versuchte uns nach Italien zu bringen – vergebens]. Er war schon auf dem Weg zu uns, mußte aber mit Rücksicht auf die neuen Verhältnisse wieder umkehren. Er hofft, Mitte Juli herkommen zu können. Wir werden dann mit ihm viel Wichtiges zu besprechen haben, zumal da es neuerdings wieder fraglich geworden ist, ob sich unser geplanter Besuch bei Onkel Eduard durchführen lassen wird.

Viele herzliche Küsse! Dein Fosch

Renate war in eine Papierfabrik versetzt worden, wo auch ich später arbeiten mußte.

Am 17. Juli schrieb ich:

(...) ich habe so ein schlechtes Gewissen, daß ich es direkt nicht gewagt habe, an Dich zu schreiben (...) Bitte zürne mir nicht. Heute bin ich also ganze 16 Jahre, und mein Geburtstag war wirklich mehr als ergiebig. Bekommen habe ich eine wunderbare Kunstgeschichte, ein deutsch/lateinisches Lexikon (was ich mir gewünscht habe und wofür mich schon mehr als einer für verrückt erklärt hat), einen historischen Atlas, ›Musik der Nationen‹ (von Frau Latte). Das wären die Bücher. Fernerhin 2 Blusen und ein Kleid, Fabrikat: Mutti. Eau de Cologne, Blumen en gros, Seife, ein Paar Söckchen und noch zu kaufende Noten. Nachmittags haben wir Quartett gespielt (...) Ich habe Dir so viel zu erzählen, daß ich gar nicht weiß, wo ich anfangen soll (...) Um erst das

Wichtigste zu erzählen: Die Schule hat jetzt aufgehört. (Ich habe ein ganz leidliches Abgangszeugnis: 5 befriedigend, 8 gut und ein sehr gut.) Wir haben eine wunderbare Abschiedsfeier gemacht. Noch ziemlich im alten Stil der Schule. Unsere Klasse hat den gekürzten ›Zerbrochenen Krug‹ aufgeführt. Es war ein großer Erfolg. Ich habe den Gerichtsrat Walter gespielt. Wir hatten ganz fabelhafte Kostüme und waren ebenso fabelhaft geschminkt. Natürlich alles Haddas Verdienst (...) Was mich betrifft, so bin ich gerade im Begriff, wieder mal umzusatteln. Ab ersten August werde ich nämlich im Laboratorium des [jüdischen] Krankenhauses arbeiten. Ich freue mich schon sehr darauf, obwohl ich mir noch nicht recht vorstellen kann, wie ich mich zu den diversen nicht immer appetitlichen Exkrementen stellen werde. Aber wir werden ja sehen (...) Ich zeige Deine Briefe immer dem Herrn Hadda, der Dich innig liebt und Dich herzlichst grüßen läßt. Er ist wirklich wahnsinnig nett. (Daß ich ins Krankenhaus komme, ist auch sein Verdienst.) Sei gegrüßt (...)

von Deiner 16jährigen Anita.

Dieser Brief meines Vaters ist nicht datiert, muß aber am 23. Oktober 1941 geschrieben worden sein:

Mein geliebtes Mariandel:

An meinem gestrigen Geburtstag werden wir wohl gegenseitig einander gedacht haben. Das Schönste war wie immer das Geburtstags-Frühstück, bei dem wir uns noch einen Bohnenkaffee genehmigen konnten. Der kleine Geburtstagstisch vergrößerte sich bald durch eine Reihe von Hoffnungen, die wir in unserer Vorstellung noch mit darauf legten, vor allem durch die Hoffnung, Dich recht bald wiederzusehen (...) Inzwischen wirst Du Dich ja auch ein wenig verändert haben, und Deine Schwestern wirst Du dann wahrscheinlich sehr verändert finden (...) Wir haben jetzt noch eine letzte Chance, daß unsere bisher gescheiterten Reisepläne sich durchführen lassen. Graf K. [Künigl] wird demnächst zu B. fahren und die Sache persönlich in die Hand nehmen (...) Den ersten Brief vom Pastor Fisher haben wir noch oft gelesen.

Als ich mich im April von Dr. Baeck [dem Rabbiner Leo Baeck, Präsident der »Reichsvertretung« deutscher Juden] verabschiedete, mußte ich ihm versprechen, ihm eine Abschrift des Briefes für seine Sammlung zu überlassen; er schrieb mir dann, so ein Brief sei ein rechtes Gegengift gegen Menschenhaß (...) Für heute will ich Dir bloß noch mitteilen, daß wir den gestrigen Geburtstag mit aufregenden Schreibspielen abgeschlossen haben. Die Kinder haben natürlich meistens gesiegt.

Nun also die herzlichsten Grüße und Küsse,
Dein Fosch

[Mein Vater unterzeichnete häufig die Briefe mit seinem Kosenamen »Fosch«, der sich von Alfons herleitete.]

Aus der Arbeit im Krankenhaus wurde nichts. In einem späteren Brief schrieb ich:

Oktober 1941

(...) Du wiegst Dich sicher bisher noch im Glauben, daß ich doch noch im Laboratorium untergekommen bin und fleißig Blut und Sputum untersuche. Aber statt dessen bin ich nun in der Papierfabrik und diene der Allgemeinheit, indem ich das Klopapier mit Etiketten versehe. Darin habe ich eine Fertigkeit bekommen, wie ich sie wohl auf dem Cello niemals erreichen werde. Ich klebe durchschnittlich 5 000 Rollen, arbeite in zwei Schichten [6–14, 14–22 Uhr] und habe eine Anfahrt von ca. 1 Stunde. Renate arbeitet in einer anderen Abteilung. Bei den Servietten. Das ist bedeutend angenehmer, allerdings mit längerer Arbeitszeit, und sie muß jeden Tag (meistens auch Sonntag) um 4 Uhr aufstehen, während ich mich immer eine Woche ausschlafen kann. Daß das 4 Uhr Aufstehen nicht zu den ausgesprochenen Vergnügungen gehört (besonders im Winter), wirst Du ja aus Deiner Kuhstallpraxis wissen (...)

Wir wurden also zum »Arbeitsdienst« eingezogen. Die Papierfabrik in Sacrau war ein Paradies verglichen mit der ersten Arbeit, zu der meine Schwester Renate gezwungen worden war: bei der Müllabfuhr. Jetzt waren wir Arbeiterinnen in der Sacrauer Papierfabrik, und ich entwickelte eine geradezu märchenhafte Geschwindigkeit im Etikettenkleben. Später durfte ich auch an der Maschine arbeiten und habe wohl in meinem Leben Millionen von Klopapierrollen fabriziert.

Die Bezahlung war ein absoluter Witz, denn es ging nach Alter. Da ich so jung war, bekam ich gerade so viel bezahlt, um die Unkosten der Anfahrt zu decken! Die Arbeitskräfte in der Fabrik waren Juden, Polen und französische Kriegsgefangene, die Vorarbeiter waren Deutsche. Dort begannen Renate und ich denn unsere Tätigkeit, die schließlich zu unserer Verhaftung durch die Gestapo führte.

In der Zeit, als wir in der Fabrik arbeiteten, kam der Moment, den wir längst gefürchtet hatten: Am 9. April 1942 wurden meine Eltern deportiert. Sie wurden nicht auf der Straße verhaftet, sondern bekamen eine Frist von 24 Stunden, sich bei der Sammelstelle zu melden. (Meine Tante und mein Onkel waren bereits abgeholt worden. Ziel unbekannt.)

Am 19. Juni 1945, zwei Monate nach der Befreiung, schrieb ich folgenden Brief an meine Schwester Marianne nach England:

Belsen Camp, 19. Juni 1945

(...) gestern kamen Briefe 4 5 6 alle auf einmal. Ich war unvorsichtig genug, sie an Ort und Stelle, nämlich im office zu öffnen; dann mußte ich aber schnell herausgehen, denn auch ich alter Krieger bin nicht so ganz tränensicher, und es braucht schließlich nicht jeder zu sehen, wenn mir die dicken Tropfen aus den Augen rollen (...) Ja, Marianne, Du hast mir den Gedanken gestohlen. Vor zwei Tagen sagte ich wörtlich zu Renate: »Weißt Du, diese Lasker-Mädels, dieses teuflische Triumfeminat, verschieden sind sie alle voneinander, wie nur eben drei Menschen verschieden sein können, und doch sind sie sich sehr ähnlich.« Ja, wir gehören wohl zu den glücklichen Menschen dieser Welt. Wir brauchen uns nicht vorzudrängen und sind doch an erster Stelle, wo auch immer. Was sich andere schwer erkämpfen müssen, fliegt uns zu. Daß wir uns alle drei darin gleichen, das ist, weil wir alle von den selben Eltern stammen, und wir sollen durch unser Glück nichts weiter empfinden als ständige Hochachtung und Dankbarkeit für unsere Eltern.

Wir haben oft gelacht, geschimpft und dreckige Bemerkungen gemacht zu Hause, aber jetzt verstehe ich, wie es unser Vater gemeint hat, und ich wünschte nur, er könnte noch einmal für einen Moment zurückkommen, damit er sieht, daß wir verstanden haben und daß er sich seiner 3 Mißgeburten, glaube ich, nicht zu sehr zu schämen braucht. – Jedenfalls soll es unsere Aufgabe sein, so zu leben, daß er sich niemals schämen müßte.

Ich will Dir noch etwas über den Weggang der Eltern schreiben.

Wir wußten einen Tag vorher, daß es die Eltern nun ereilen wird. Mutti hat viel geweint, denn sie hat wohl instinktiv gefühlt, daß es nun dem Ende zugeht und daß sie uns zum letzten Mal sieht. Ganz kurz vorher hatten wir noch einen Brief von Dir über die Schweiz gehabt. Mutti hat diesen Brief gehütet wie ihren Augenstern, und sie war sehr glücklich damit. Nun muß ich noch dazufügen, daß wenn wir es mit aller Macht darauf angelegt hätten, mit den Eltern mitzugehen, wir hätten gehen können. Wir standen zwar nicht auf der Liste, aber wenn wir uns einfach gestellt hätten, dann hätte man uns wohl kaum zurückgeschickt. Aber Vati, unser kluger, kluger Vati wollte es nicht haben. »Es ist besser, wenn ihr vorläufig noch bleibt. Da wo wir hingehen, kommt man zeitig genug hin.« Wir haben damals nicht viel Worte gemacht. Es war viel zu tun, packen, packen (damals wußte man noch nicht, daß einem sowieso alles abgenommen wurde). Vati tat nichts weiter als seine bzw. anderer Leute Angelegenheiten zu regeln und abzuschließen, denn es wäre ja nicht unser Vati gewesen, wenn er einfach alles hätte liegenlassen. So arbeitete er, tippte, diktierte er bis tief in die Nacht hinein. Renate ist inzwischen ins Bett gegangen, denn auch Aufregungen machen müde. Mir hat Vati gesagt, ich solle auf ihn warten. So nahm ich mir ein leeres Notizbuch und einen Bleistift in die Hand und saß mit Mutti im Nebenzimmer und wartete.

Mutti weinte und weinte, unsere arme, arme liebe gute Mutti, sie hatte solche Angst. Die einzige Beruhigung ist mir, zu wissen, daß die Eltern dort, wo sie hingekommen sind, zusammen waren, denn Vati schrieb uns noch 3 Briefe, bevor die Nachrichten stoppten. Vati hat eine heldenhafte Kraft gehabt, und vielleicht konnte Mutti daraus schöpfen. Vati schrieb in diesen Briefen nichts Sachliches. Nichts über die Verhältnisse. Nur am Ende des Briefes: »Schickt Nahrungsmittel!« Daß er sonst nichts Näheres schrieb, ist mir der Beweis, wie schlecht es gewesen sein muß, und daß die Eltern zusammen dort waren, wissen wir, weil Vati schrieb: »Mutti kann nicht ranschreiben, es geht ihr nicht gut, sie ist krank«, und in seinem letzten Brief stand der Psalm: »Ich hebe meine Augen auf zu den Bergen, von wannen mir Hilfe kommt.«

Daran habe ich oft gedacht, wenn es mir schlecht ging. Ja, ich will nun wieder zurückgreifen: Ich wartete mit Mutti auf den Vati. Um zwei Uhr nachts kam er endlich und rief mich. Vati war in dieser Nacht um 20 Jahre gealtert. Er diktierte mir in mein Buch, was ich alles zu machen hätte, wie die Miete bezahlt wird, wie das Gas bezahlt, an wen ich alles zu schreiben habe, und er gab mir eine Vollmacht, seinen Namen an seiner Statt zu zeichnen, wo immer eine Unterschrift verlangt werden würde. »Ich verlasse mich auf Dich, Anita.« (Du weißt, Vati hat sich nicht so schnell auf jemanden verlassen.) Ganz nebenbei erwähne ich Dir, daß ich, glaube ich, alles Technische damals gut erledigt habe.

Hatte viel Unannehmlichkeiten mit dem Finanzamt, das uns sogar bis ins Gefängnis verfolgt hat. Das ist alles überholt und erledigt.

Mir ist klar, daß ich in dieser Nacht vom 8. zum 9. April 1942 nicht nur die Verantwortung für Miete und Gas übernommen habe, sondern daß es eine viel größere – eine ganz große Verantwortung war, die ich übernommen habe. Doppelt groß, da Renate damals schlief und ich allein wach war. Verstehst Du mich ganz? Diese Nacht war damals sehr entscheidend für mich, obwohl mir erst später die wirkliche Bedeutung ganz bewußt geworden ist. Ja, wir sollen nicht aufhören, unseren Eltern zu danken und so zu leben, als ob sie uns immer sehen könnten (...)

Ich könnte diese Ereignisse heute nicht besser beschreiben. Ich bezweifle, daß man uns diese »Reise« verweigert hätte, wenn wir tatsächlich darauf bestanden hätten, mit den Eltern mitzugehen: Trotz unserer momentanen Unabkömmlichkeit als Klopapier-Fabrikanten. Aber erst heute – nachdem ich selbst Kinder habe – kann ich wirklich verstehen, was meinen Vater der Entschluß gekostet haben muß: de ne pas corriger la fortune.

Wäre mein Vater damals nicht seinem Instinkt – oder was immer es auch war – gefolgt, würde ich heute nicht darüber schreiben.

Als ich nach dem Krieg nach London kam, ging ich in die Wiener Library (eine Dokumentationsstelle über die Judenverfolgung, gegründet von Dr. Alfred Wiener) und erfuhr dort, was das Schicksal dieser und ähnlicher Transporte war: Das Endziel war Isbica nahe bei Lublin. Dort haben die Menschen ihre eigenen Gräber graben müssen und sind dann nackt in diese Gräber geschossen worden. Es ist wohl verständlich, daß ich mir selten den Luxus erlaube, meiner Phantasie, was die Ermordung meiner Eltern betrifft, freien Lauf zu lassen.

Die letzten Worte meines Vaters zu mir waren: »Anita – paß auf deinen Gang auf!« (Ich gehe »über den großen Onkel«, und mein Vater fand diesen Mangel an Eleganz sehr bedauerlich.)

Nun waren Renate und ich also allein. – Im Grunde waren dies genau die Ereignisse, die wir gefürchtet und erwartet hatten. Dennoch hatten wir wohl im Innersten, in einer kleinen Ecke, noch immer die Hoffnung gehegt, daß es letzten Endes doch nicht dazu kommen würde.

Wir gingen nach Hause und nahmen unser alltägliches Leben wieder auf, nur vielleicht mit doppelter Verbissenheit, uns nicht unterkriegen zu lassen.

Wir hatten noch einen winzigen Schimmer von Hoffnung, daß die Eltern im letzten Moment wieder aus dem Sammellager entlassen werden würden. Wir hatten Graf Künigl von der bevorstehenden Deportation unterrichtet, und er unternahm auch sofort Schritte, die möglicherweise zur Entlassung der Eltern hätten führen können. Später, nach dem Krieg, erzählte er uns, was er unternommen hatte: Er ging zur Gestapo und *verlangte*, daß man meinen

Vater freiließe, da er ihn unbedingt brauche. – Bei der Gestapo sagte man ihm, daß, falls meines Vaters Name noch nicht registriert sein sollte, man ihn wieder freilassen würde.

Später konnten wir die Geschichte rekonstruieren, denn es gelang meinem Vater, uns eine Postkarte zukommen zu lassen, auf der er schrieb, daß er nicht die Hoffnung aufgegeben hätte, doch noch entlassen zu werden, denn man hätte seinen und meiner Mutter Namen aufgerufen, lange bevor man andere Namen aufrief, und er hielte das für ein gutes Zeichen. Aber er wartete vergeblich auf seine Entlassung.

Der Grund des vorzeitigen Aufrufens war wohl nur so zu erklären: die Gestapo wollte mit gutem Gewissen dem Grafen Künigl sagen: Es tut uns leid, wir kamen zu spät. Dr. Lasker war bereits registriert. (Es ist schwer zu glauben, daß man meiner Schwester circa 35 Jahre später mit einem Gerichtsverfahren wegen »Diffamierung der SS« gedroht hat!!! Sie sprach im Deutschen Fernsehen, und man fragte sie nach dem Schicksal ihrer Eltern.)

ALLEIN IN BRESLAU

Jetzt waren wir also allein, mußten allein weiterkämpfen – und bei Gott: Es war ein Kampf. Der Haushalt bestand jetzt aus meiner Großmutter, die inzwischen bei uns eingezogen war (eine sehr schwierige Dame von 82 Jahren), und einem uralten Ehepaar, das schon Untermieter bei meiner Tante war, bevor meine Eltern und wir dort einzogen waren. Auch mein Onkel und meine Tante waren bereits deportiert. Die Zimmer, die dadurch leer wurden, wurden von der Gestapo versiegelt. Meine Großmutter weigerte sich schlicht, wahrhaben zu wollen, was um sie herum vorging. Dies war ohne Zweifel ihre Art, sich zu schützen.

Wir arbeiteten weiter in der Fabrik, mußten aber nun selbst dafür sorgen, daß die alten Leute etwas zu essen hatten. Bei den begrenzten Einkaufszeiten für Juden war dies ein beinahe unlösbares Problem. Juden durften nur zu ganz bestimmten und sehr begrenzten Zeiten einkaufen, und bei unseren Arbeitsstunden war es schlechthin ein Ding der Unmöglichkeit, sich an diese zu halten. Wir lösten das Problem, indem wir gebrauchte Reisemarken stahlen, die sich in der Papierfabrik zum Einstampfen einfanden. Diese Marken waren undatiert und hatten keinerlei Kennzeichen eines Eigentümers, und von größter Wichtigkeit war, daß sie kein »J« für Jude aufgestempelt hatten. Sie konnten in jedem Geschäft benutzt werden, da sie ja für reisende Leute bestimmt waren. Dieser Diebstahl war höchst gefährlich, aber wir taten es dennoch. Meistens ging Renate einkaufen, denn sie sah weniger jüdisch aus als ich.

Ich schrieb folgenden Brief an unsere Verwandten in der Schweiz:

Breslau, den 2. Juli 1942

Liebe Tante Vally, lieber Onkel Siegfried,

wir danken Euch viele Male für die Päckchen, die uns vor wenigen Tagen erreichten und mehr als willkommen waren. Auf Euer Telegramm können wir von hier aus leider nur brieflich antworten. Es geht uns beiden gesundheitlich nicht sehr gut, da die Arbeit sehr sehr schwer ist und die ständige Sorge um die Eltern, von denen wir keinerlei Nachricht, stark auf uns lastet. Großmama wohnt weiter bei uns. Es geht ihr relativ gut, nur könnt Ihr Euch vorstellen, daß ihre Versorgung, wie die noch eines alten Ehepaares, die wir, um leben zu können noch außerhalb der Arbeit weiterführen müssen, sehr schwer ist (...) Hoffentlich haben wir bald wieder Nachricht von Euch, denn das ist das einzige, was uns das Gefühl gibt, daß wir nicht ganz allein sind. Bitte grüßt Marianne von uns und seid selbst vielmals herzlichst gegrüßt,

von Eurer Anita

Als nächste stand meine Großmutter auf der Deportationsliste.

Ich erinnere mich genau, wie ich ihr ihre verschiedenen Medikamente in einem Säckchen um den Hals gehängt habe, bevor ich sie zum Sammelplatz brachte. Sie hat – Gott sei Dank – überhaupt nicht verstanden, was mit ihr passierte. Sie bewahrte ihren Stolz und ihre Würde bis zum letzten Moment. Diesmal war der Sammelplatz ein Schulhof. Ich stand neben ihr, bis man ihren Namen aufrief, und wurde Zeuge einer sehr eindrucksvollen Szene: Ein Gestapomann saß an einem Tisch und rief die Namen der Opfer auf, die dann an dem Tisch vorbeigehen mußten, um registriert zu werden. Der Mann rief: LASKER, worauf meine Großmutter an den Tisch ging und »*Frau* Lasker« zu ihm sagte. Ich war sicher, daß er ihr einen Fußtritt geben würde – aber keine Spur, er sagte ganz einfach: »Frau Lasker«. Ich war sehr stolz auf meine Großmutter, als sie an dem Mann vorbeiging. Ich hoffe, daß sie nicht zu lange hat leiden müssen!

Ein weiteres Zimmer wurde versiegelt, und jetzt waren wir vollkommen allein. Wir lebten in einer Art Vakuum. Niemand kümmerte sich um uns, und wir hatten niemanden mehr, um den wir uns kümmern mußten.

Dieser Zustand konnte natürlich nicht anhalten. Wir waren ja so jung, und da es noch immer eine Art Skelett von jüdischer Gemeinde gab, wurde ein Vormund für uns ernannt. Ich erinnere mich, daß wir diesem armen Vormund (es war eine Dame) das

Leben nicht gerade leicht gemacht haben. Es gingen allerlei Gerüchte über uns um, wegen unserer Aktivitäten in der Fabrik, und irgendwie entsprach dies nicht dem, wie man sich damals zu benehmen hatte. Und so schlug man uns vor, daß wir die Wohnung verlassen und ins Waisenhaus gehen sollten. Diese Idee gefiel uns gar nicht, denn wir fürchteten, dort zu sehr eingeengt zu sein. Aber letzten Endes gab es gar keine Wahl, wir mußten ins Waisenhaus.

Breslau, 6. September 1942

Lieber Onkel Siegfried, liebe Tante Vally,

eben haben wir Eure Karte bekommen, und ich möchte auch gleich antworten (...) Morgen ziehen wir aus der Wohnung aus in ein Jugendheim, denn inzwischen sind wir ganz allein zurückgeblieben, da Großmama und das andere bei uns wohnende Ehepaar nun auch fortgegangen sind. Von den Eltern haben wir weiter keinerlei Nachricht. Habt Ihr Euch schon mit dem Roten Kreuz in Verbindung gesetzt? (...) Unsere neue Adresse ist Wallstraße 9, Jugendheim. Die Arbeit ist weiter sehr schwer und in der anhaltenden Hitze unerträglich. Wir freuen uns, daß es Euch gut geht! Renate kocht gerade und läßt Euch schön grüßen.

Von mir für Euch alle die herzlichsten Wünsche und Grüße,
Eure Anita
P. S. Tante Lucie ist auch fort.

Dieser Brief wurde von Vally und Siegfried an ihren Sohn Harry Goldschmidt weitergeschickt, der, wie ich nach dem Krieg erfuhr, Beziehungen zu Menschen an der Schweizer Grenze hatte. Harry hatte einen genialen, aber ebenso vollkommen unrealistischen Plan, uns irgendwie über die Grenze in die Schweiz zu schmuggeln.

Tante Vally schrieb an ihren Sohn (auf meinem Brief vom 6.9.):

Geliebter Harry,

soeben erhalten; bitte telefoniere mit mir, ob und was ich darin tun kann und was ich ihnen antworten soll. Es scheint doch, daß Juden Inlandbriefe nicht ausgehändigt werden, oder sollte

Dein Vertrauensmann ihn nicht abgesandt haben? Die jüdischen brauchbaren Arbeiter scheint man in ein Jugendheim gesteckt zu haben, wo sie natürlich strenger bewacht sind (...)

Gruß und Kuß, Mama

Als wir erst einmal im Waisenhaus installiert waren, konnten wir gar nicht verstehen, warum wir uns anfangs so dagegen gesträubt hatten. Es war ein solcher Luxus, endlich mal wieder einen Teller mit Essen vorgesetzt zu bekommen, ohne schwer dafür gekämpft zu haben. Wir waren einfach nicht mehr gewöhnt, daß man sich überhaupt um uns kümmerte.

Nur hatten wir jetzt ein neues Problem. Wie konnten wir unsere Flucht realisieren, ohne daß man im Waisenhaus etwas von unseren Plänen merkte und ohne andere Menschen mit hineinzuziehen, was schwere Konsequenzen für sie haben würde? Das erstere gelang uns, indem wir – als der Tag endlich kam – wie üblich ganz früh aus dem Haus gingen, angeblich zur Arbeit. Das zweite gelang uns nicht, und das Resultat war noch schlimmer, als wir befürchtet hatten.

Unnötig zu erwähnen, daß es streng verboten war, mit den Kriegsgefangenen in der Papierfabrik zu sprechen. Wie und wann genau sich die Kontakte zu den Franzosen ergaben, kann ich heute nicht mehr mit Sicherheit sagen. Ich erwähnte, daß wir beide Französisch sprachen, und so dauerte es nicht lange, bis eine Art Verständigung hergestellt war. Anfangs ziemlich primitiv – so hier und da mal ein paar Worte im Vorbeigehen –, aber schließlich entwickelten wir eine geradezu geniale Methode, Nachrichten auszutauschen.

Wir Frauen hatten alle getrennte Toiletten. Eine für Juden, eine für Polen und eine für Deutsche. Die Toiletten hatten natürlich das altmodische Zisternensystem: man zog eine Kette, um zu spülen. In der »jüdischen« Toilette war diese Kette, die mit einer Art von Ring an der Wand befestigt sein sollte (damit man in der richtigen Richtung zieht), aus der Wand gebrochen. Dadurch entstand ein Loch: Auf der anderen Seite war der Aufenthaltsraum der französischen Kriegsgefangenen. Dieses Loch diente als Postkasten, und außerdem konnte man Unterhaltungen führen, wenn man, ganz nahe mit dem Mund am Loch, direkt in ein Ohr an der anderen Seite der Wand flüsterte. Wir waren perfekt aufeinander eingespielt. Einer der Gefangenen brauchte nur zu sehen, daß ich in Richtung Toilette ging, und schon war immer jemand auf der anderen Seite, um irgend etwas in Empfang zu nehmen. Kurzum, wir etablierten eine – wie uns schien – ganz sichere Verbindung mit den französischen Kriegsgefangenen, und damit begann unsere Tätigkeit als Urkundenfälscher. Bei diesen Urkunden handelte es sich um Urlaubsscheine für französische Zivilarbeiter.

Es gab damals in Deutschland viele solcher Arbeiter: Männer, die von Frankreich zur Arbeit nach Deutschland verschickt worden waren. Diese Zivilarbeiter hatten das Recht, dann und wann auf Urlaub nach Hause zu fahren. Wir besaßen noch eine Schreibmaschine – das war alles, was uns von der Praxis meines Vaters verblieben war –, und außerdem konnten wir Sütterlinschrift schreiben. Mit diesen Mitteln halfen wir bei der Herstellung falscher Papiere, die dann von den Kriegsgefangenen zur Flucht benutzt wurden. Darüber hinaus brachten wir Zivilkleidungsstücke in die Fabrik und ließen sie den Gefangenen zukommen. Die Stempel für die Papiere wurden von anderen Leuten gefälscht. Ich wußte nur, daß diese der Widerstandsbewegung angehörten, kannte sie aber nicht persönlich.

Ganz zuverlässig war unsere Verbindungsmethode wohl doch nicht, denn eines Tages fand ich das Loch in der Toilette zugemauert. Zu viele Gefangene waren aus der Sacrauer Papierfabrik entflohen, und ich muß wohl doch öfter auf die Toilette gegangen sein als normal. Jedenfalls wurde Renate und mir klar, daß man uns beobachtete und daß unsere Position mehr als unsicher war. Es wurde also beschlossen, daß es an der Zeit sei, selbst einen Fluchtversuch zu unternehmen, und zwar mit dem Ziel, in die unbesetzte Zone von Frankreich zu gelangen. Ein absolut absurdes Unterfangen, wenn ich jetzt zurückdenke, aber was hatte man zu verlieren? Gar nichts! Wir fabrizierten also Papiere für uns selbst. Wir wußten nicht einmal, ob es überhaupt weibliche Zivilarbeiter gab. Wir machten einen letzten verzweifelten Versuch, uns zu retten. Unsere Papiere waren auf den Namen *Demontaigne* ausgestellt. Ich hieß Madeleine Demontaigne und war Arbeiterin in einer Polsterfabrik.

Am Tage unserer »Flucht« verließen wir das Waisenhaus zur üblichen Zeit, aber anstatt zur Arbeit zu gehen, verbrachten wir den Tag bei Freunden. Diese lebten in einer sogenannten Mischehe. Der Mann war »Arier« und die Frau Jüdin. Der Zug nach Paris ging erst gegen Abend. Das Abschiednehmen war so schwer ... die Zukunft so ungewiß und so beängstigend!

Unsere Freunde, Ruth und Werner Krumme, wollten uns zum Bahnhof begleiten. Wir beschworen sie, es nicht zu tun – wir hätten es *verbieten* sollen. Sie sind beide mit uns zusammen von der Gestapo verhaftet worden. Werner, der »Arier«, wurde später ein »prominenter« Häftling in Auschwitz. Er hat anderen Gefangenen geholfen, soviel es nur irgend möglich war. Seine Frau starb in der Gaskammer. Er überlebte. Vor einigen Jahren wurde im Yad Vashem in Jerusalem, der Gedenkstätte des Holocaust, wo es eine »Allee der Gerechten« gibt, ein Baum zu Werner Krummes Ehren gepflanzt. So wohlverdient!

Das Schicksal dieser beiden Menschen liegt mir schwer auf der Seele, da wir die unmittelbare Ursache ihres Unglücks waren.

Hier waren wir also, auf dem Breslauer Hauptbahnhof und dem Bahnsteig für den Zug nach Paris. Alles schien ein böser Traum zu sein. Selbstverständlich waren wir nervös. Wir hatten nur die vageste Vorstellung davon, wie dieses Unternehmen weitergehen würde. Ich hatte ein Notizbuch bei mir, das einige Adressen in Paris enthielt – sollten wir überhaupt so weit kommen. Das war alles. Wir dachten nicht zu weit in die Zukunft. Das einzig Wichtige war damals: DEUTSCHLAND VERLASSEN.

Wir verstauten unsere Koffer im Zug – Renate war gerade im Abteil, und ich stand auf dem Bahnsteig und sprach mit unseren Freunden ... da geschah es: Einige Männer in Zivilkleidung näherten sich uns, und ich hörte die gefürchteten Worte ... »Gestapo ... Sie sind verhaftet!«.

Ich hatte noch die verrückte Idee, daß meine Schwester vielleicht davonkäme, wenn sie jetzt nicht gerade aus dem Zug ausstiege ... aber nein, sie stieg aus und wurde mitverhaftet. Es hätte sowieso nicht geholfen. Wir hörten später, daß die Gestapo uns schon lange auf der Spur war. Wir wurden zur Bahnhofspolizei abgeführt und warteten. Als wir da so saßen und endlos warteten, hatten wir reichlich Zeit, unsere hoffnungslose Situation zu überdenken. Da fiel mir das Zyankali ein, das ich in meinem Strumpf versteckt hatte.

Als wir noch »freie« Menschen waren, haben wir uns – wie so viele Juden – Zyankali beschafft. Der Grund dafür lag auf der Hand: Letzten Endes konnte niemand von uns sich wirklich sicher sein, der Gestapo zu entrinnen. Es war irgendwie beruhigend, über einen Ausweg zu verfügen. Man müßte nicht Gestapotorturen über sich ergehen lassen, sondern hätte die Wahl, sich zu entscheiden: einfach Schluß zu machen. Das Fläschchen mit dem Gift hatte ich unserem guten Freund Konrad Latte zu verdanken. Er hatte damals Zugang zu solchen »Luxusartikeln«. Ich konnte mir nicht verkneifen, an dem Fläschchen einmal zu riechen. Tatsächlich war alles in bester Ordnung: Es roch nach Bittermandeln. Aus irgendwelchen Gründen bat Konrad mich damals, ihm das Zeug zurückzugeben, bis ich mit der Vorbereitung für meine Flucht fertig war. Ich tat es, und als ich die Flucht antrat, gab er mir das Fläschchen wieder.

Nun saßen wir auf der Polizeistation und warteten auf Gott weiß was, da fiel mir ein, daß dies ja genau die Situation war, für die wir uns mit Zyankali ausgestattet hatten. Trotz allem kam uns der Gedanke, das Zeug tatsächlich zu nehmen, nicht sehr anziehend vor. Renate und ich hatten eine kurze geflüsterte Auseinandersetzung und entschieden dann, daß es Wahnsinn wäre, länger zu warten. Wir saßen an einem Tisch, ich zog das Fläschchen aus meinem Strumpf, öffnete es und teilte den Inhalt in zwei gleiche Teile. (All das fand unter dem Tisch statt, an dem wir saßen.)

Jetzt mußten wir nur auf einen geeigneten Moment warten. Dieser Moment kam, als der Wagen, der uns zur Gestapo fahren sollte, nicht erschien und man beschloß, daß wir den kurzen Weg zu Fuß gehen sollten.

Es herrschte damals vollständige Verdunkelung, und wir marschierten die Gartenstraße entlang, begleitet von Gestapomännern und Hunden. Weder Renate noch ich waren gerade wild darauf, uns das Leben zu nehmen; auf keinen Fall wollten wir in verschiedenen Momenten sterben. Wir beschlossen also zu zählen.

An der Ecke Gartenstraße und Schweidnitzer Straße – wie sie damals hieß – zählten wir: Eins ... Zwei ... Drei ... los! Als meine Zunge das weiße Pulver berührte, war ich fest davon überzeugt, daß dies das Ende sei. Ich erinnere mich, daß ich das Gefühl hatte, ohnmächtig zu werden. Aber, siehe da, ich wurde weder ohnmächtig, noch fiel ich tot um, sondern marschierte weiter.

Der Geschmack in meinem Munde war süß und nicht bitter, wie ich erwartet hatte. Mein Freund Konrad, geleitet von einer höheren Eingebung, hatte in der kurzen Zeit, in der das Gift wieder in seinem Besitz war, das Zyankali gegen Puderzucker vertauscht. Ich muß gestehen, die Erkenntnis, noch am Leben zu sein, war eine Erlösung; obwohl wir dem Gestapogebäude und damit einer unbekannten und ganz gewiß sehr unangenehmen Zukunft entgegengingen. Ich habe meinen Freund Konrad nach dem Krieg wiedergesehen. Er kam mich in Lüneburg besuchen, wo ich Zeugin bei dem Prozeß gegen die Verantwortlichen des KZ Bergen-Belsen war. Ich dankte ihm für den Zucker.

IM GEFÄNGNIS

Renate und ich näherten uns – äußerst lebendig – dem Gestapogebäude, ohne die geringste Hoffnung zu entkommen, und beschlossen, einen letzten verzweifelten Versuch zu wagen, die Situation zu retten: Wir würden die Rolle der Französinnen weiterspielen. Wir hatten sogar die Chuzpe (ein jiddisches Wort für Unverschämtheit), einen Dolmetscher zu verlangen. Es war beinahe eine Farce. Ein Dolmetscher erschien, dann wurden wir zu unseren Personalien befragt. Alles auf französisch. Dann warteten wir wieder. Diesmal darauf, in die »Graupe«, so der Spitzname des Gefängnisses in Breslau, gebracht zu werden, das sich in der Graupenstraße befand, nicht weit von der Gestapo. Ich hatte noch immer das Notizbuch mit den Namen unserer Kontakte in Frankreich bei mir. Ich mußte es unbedingt und unverzüglich loswerden. Wenn ich jetzt zurückdenke, wird mir klar, daß die Gestapomänner, mit denen wir damals zu tun hatten, sehr dumm gewesen sein müssen: Ich bat um Erlaubnis, auf die Toilette gehen zu dürfen, zerriß das Buch in kleine Stücke und spülte es fort. Es war beinahe zu einfach. Ich war erleichtert. Ich glaube, daß in solchen verzweifelten Momenten eine Art Amnesie über einen kommt. Man lebt das Leben wortwörtlich Minute für Minute.

Es war spät geworden, als wir endlich in die Graupe eingeliefert wurden, und glücklicherweise bewiesen die Gestapo-Beamten ihre Dummheit ein zweites Mal, als sie nicht darauf bestanden, uns in separate Zellen sperren zu lassen. Das bedeutete, daß wir planen und besprechen konnten, wie wir uns verhalten wollten, falls wir – wie wir erwarteten – am nächsten Tage zum Verhör gerufen wurden.

Soweit ich mich erinnere, waren die Gefängniswärterinnen nicht besonders unangenehm. (Natürlich gab es da Ausnahmen, wie ich später lernte.)

Noch immer gaben wir uns als Französinnen aus. Wir mußten das obligatorische Bad nehmen und bekamen Gefangenenkleidung zugeteilt. Die Wärterinnen kramten ihre französischen Schulkenntnisse aus. Wahrscheinlich waren wir eine willkommene Abwechslung von der täglichen Routine. Man brachte uns auf unsere Zelle, und ich glaube, erst als wir den Schlüssel hinter uns sich drehen hörten, wurde uns langsam klar, was passiert war.

Von innen sieht ein Gefängnis genau so aus, wie man es in Filmen sehen kann. Die ersten – und bleibenden – Eindrücke sind: das niemals endende Geräusch von Schlüsseln und das Echo der hallenden Gänge. Die Zellen waren klein und für *eine* Person gedacht, nicht für *vier*, wie es bei uns der Fall war. Die Bedingungen waren ziemlich hart. Damals gab es noch keine »Ausgänge« auf die Toilette. In einer Ecke der Zelle stand ein Kübel. Er hatte einen Deckel, aber das ist auch das einzige, was man zu seiner Verteidigung sagen kann. Eine der irrsinnigen Regeln im Gefängnis schrieb vor, daß man diesen Kübel blitzsauber halten mußte. Nicht nur innen, was ja verständlich wäre, sondern auch außen. Zu diesem Zwecke bekam man »Schamott« ausgeteilt: eine grobe, sandige Substanz, vermutlich Ziegelstaub, mit der man den Kübel bearbeiten mußte, bis man sich darin spiegeln konnte! Das gleiche galt für die winzige Waschschüssel. Eine widerliche Beschäftigung. Das Schlimmste war das entsetzliche Kratzgeräusch, das bei dieser Prozedur entstand; und wehe, wenn das Zeug nicht blitzte wie Silber!

Es gab nur ein Bett in der Zelle. Die anderen Zellengenossen schliefen auf dem Boden auf Matratzen, die tagsüber weggeräumt wurden.

Der erste Tag im Gefängnis war wirklich schrecklich. Ich konnte mir nicht vorstellen, wie ich das auf die Dauer aushalten sollte. Wir waren ja schon lange nicht mehr wirklich freie Menschen, auch nicht *vor* unserer Verhaftung – aber einen Schlüssel hinter sich umdrehen zu hören und in einer kleinen Zelle eingeschlossen zu werden, das ist noch einmal eine ganz andere Sache. Wenigstens waren Renate und ich zusammen. Es war ein Trost, nicht ganz allein zu sein, und wir hatten Zeit und Gelegenheit, einen Plan zu schmieden. Wir mußten uns entscheiden, wie wir uns beim ersten Verhör, das uns ja unvermeidlich bevorstand, verhalten sollten.

Einige Tage vergingen, aber wir wurden nicht gerufen. Wir saßen einfach da, todunglücklich und voller Angst. Inzwischen hatten Renate und ich reichlich Zeit, die Hoffnungslosigkeit unserer Lage voll zu erkennen; auch war uns klar, daß wir die Farce, Französinnen zu sein, nicht ewig aufrechterhalten konnten. Das Verschwinden von zwei jüdischen Mädchen mitten im Krieg, in einer nicht sehr großen Stadt, konnte nicht unbemerkt geblieben sein. (Ich hörte nach dem Kriege, daß unser Fluchtversuch in der Tat einiges Aufsehen erregte und daß ein mutiger Pfarrer in einem Gottesdienst für uns beten ließ.)

Also entschlossen wir uns, unsere wahre Identität nicht länger zu verbergen. Wir meldeten uns bei der Leiterin des Gefängnisses. Es war sofort zu merken, daß diese eine hochintelligente und kultivierte Dame war. (Ich hatte viel später noch einmal mit ihr zu tun, wovon ich berichten werde.) Da standen wir beide vor der »Oberin« und gestanden, daß wir keine Französinnen seien, sondern ganz einfach jüdische Mädchen namens Anita und Renate Lasker, und nicht Demontaigne. Sie nahm unser Geständnis relativ gut auf.

Die Unannehmlichkeiten begannen erst, als wir wieder ins Büro gehen mußten, um neu registriert zu werden. Dieselben Wärterinnen, die sich solche Mühe gegeben hatten, Französisch mit uns zu sprechen, bemerkten plötzlich, wie lächerlich sie sich gemacht hatten. Ich erinnere mich besonders an eine gewisse Frau Nau. Sie hatte eine hohe Stellung in der Gefängnisrangordnung und war in ihrer Hingabe an den Führer und das Dritte Reich komplett hirnlos; im Gegensatz zu der Oberin, deren Reaktion auf unser großes »Geständnis« ganz klar bewies, daß sie kein Nazi war. Als Frau Nau hörte, daß Renate und ich nur zwei jüdische Mädchen waren, kam sie in unsere Zelle und hielt uns eine Rede, auf absurd mütterliche Art, mit der sie uns zu erklären versuchte, wir *müßten* uns darüber im klaren sein, daß Hitler der klügste Mann der Welt sei, und wir *müßten* auch verstehen, daß die Juden ganz einfach auszurotten seien. Sie flehte uns beinahe an, diese Tatsache doch zu zu akzeptieren. Es war eine solch groteske Unterhaltung, daß Renate und ich Schwierigkeiten hatten, nicht herauszuplatzen. Gott sei Dank hatten wir unseren Humor angesichts solch krasser Dummheit nicht ganz verloren.

Während des Debakels von Stalingrad versuchte uns Frau Nau zu erklären, daß wir überhaupt keinen Grund hätten, uns zu freuen. Was in Stalingrad geschehe, sei ein kluger Schachzug des Führers, um die Feinde irrezuführen. Er wisse genau, was er tue, und wir sollten uns keine Hoffnungen machen. Ich höre noch heute ihre Stimme.

Später amüsierte ich mich damit, ihre Propagandareden zu imitieren. Einmal wurde ich von einer Beamtin erwischt. Ich glaube, auch sie fand es komisch, denn ich bin ohne Strafe davongekommen.

Nachdem unsere Identität geklärt war, wurden wir in die »Judenzelle« verlegt. Es wäre ja undenkbar gewesen, saubere Arier mit dreckigen Juden zu vermischen! Auf diese Weise trafen wir wieder mit Ruth Krumme zusammen, unserer guten Freundin, die uns auf den Bahnhof begleitet hatte und für dieses Verbrechen verhaftet worden war. Außer uns dreien war noch eine alte Frau aus der Tschechoslowakei in unserer Zelle. Ich erinnere mich nicht mehr, worin ihr »Verbrechen« bestand, nur daß sie schwer zu ertragen war. Wir hatten kaum Platz, uns zu rühren, und sie war sozusagen die »Stubenälteste«.

Noch immer warteten wir darauf, zum Verhör gerufen zu werden.

Inzwischen hatten Renate und ich einen Kriegsplan geschmiedet: Wir wollten so viel wie irgend möglich lügen und so wenig wie möglich verraten. Aber das Lügen ist schwer, und es ist doppelt schwer, wenn zwei Menschen simultan lügen müssen.

Die Gefahr, daß sich Widersprüche ergeben, ist groß. Wieviel war der Gestapo von unseren Aktivitäten bekannt? Daß die Leute, die uns verhafteten, nicht viel wußten, war uns klar; aber wir hatten keine Ahnung, wie es sich damit bei den höheren Instanzen verhielt. Der einfachste Weg, um diesem Dilemma zu entkommen: Renate als die Ältere würde alles auf sich nehmen. Sie würde diejenige sein, die redet und Fragen beantwortet, während ich – die kleine Schwester – vorgeben sollte, keine Ahnung gehabt zu haben, was vorgegangen war. Auf alle Fälle würde ich mich nicht auf Details einlassen. Wir meinten, daß wir dadurch beide eine Chance hätten. Mit diesem Plan ausgerüstet, saßen wir da und warteten, verängstigt und zugleich ungeduldig, das Verhör endlich hinter uns zu bringen.

Während wir warteten – Warten ist im Grunde das einzige, was man im Gefängnis zu tun scheint –, hatten wir reichlich Gelegenheit, mit dem Alltagsleben des Gefängnisses Bekanntschaft zu machen. Damals hat man sich noch nicht über »das Wohlbefinden der Gefangenen« den Kopf zerbrochen. Man saß im Gefängnis – und da saß man. Man saß, schlief und erledigte seine Notdurft (wie das so schön heißt) in seiner Zelle. Der Gestank war unvorstellbar, da wir zu viert in der Zelle waren. Wir verließen unsere Zelle für eine halbe Stunde täglich, um auf dem Hof, Hände auf dem Rücken, im Kreise herumzulaufen. Mit anderen Gefangenen zu sprechen war streng verboten. Es gab die üblichen Kalfaktoren, die das Essen austeilten. Es war unzureichend, und wir litten sehr an Hunger. Außerdem enthielt es offensichtlich Brom, das die Gefangenen »ruhigstellen« soll: ein unverkennbarer Geschmack.

Die schlimmsten Erinnerungen ans Gefängnis konzentrieren sich für mich immer wieder auf die ersten Tage: Das Geräusch der Schlüssel, die sich hinter einem im Schloß drehen – das kann man wohl niemals vergessen.

Wir empfanden eine Mischung von Verwirrung und Angst vor der Zukunft. Wir fühlten uns isoliert, und die Zeit schien stillzustehen. Doch ich werde nie aus dem Staunen herauskommen, woran sich ein Mensch alles gewöhnen kann: Sogar eingeschlossen, in einer kleinen stinkenden Zelle, hungrig und mehr als unbequem, entwickelt sich eine Art Routine, nach der man zu leben beginnt. Der Horizont verkleinert sich ganz einfach.

Obwohl ich anfangs dachte, daß ich es unmöglich aushalten könnte, habe ich es in der Tat sehr gut ausgehalten. Später im KZ habe ich oft an meine Gefängniszeit zurückgedacht, wie man an einen angenehmen Ferienaufenthalt zurückdenkt.

Endlich wurden wir nach unten gerufen und zu unserem ersten Gestapo-Verhör geführt. Wir hatten große Angst, fühlten aber auch eine Art Erleichterung. Das, was wir am meisten gefürchtet hatten, war in greifbarer Nähe, und nun würden wir wieder einen Schritt weiterkommen. Einiges ist mir ganz klar im Gedächtnis geblieben, wahrscheinlich weil es so vollkommen unerwartet war.

Als erstes mußten wir unsere Koffer identifizieren. Nicht ein Wort über unsere plötzliche Kenntnis der deutschen Sprache! Die Koffer wurden vor uns aufgereiht, und – siehe da – es fehlte einer. Es war natürlich der, den Renate bereits im Zug verstaut hatte, als die Gestapo auf dem Bahnsteig erschien. Der fehlende Koffer hat mich gewiß nicht besonders aufgeregt, da ich kaum damit rechnete, seinen Inhalt je wieder brauchen zu können. Die Gestapoleute dagegen regten sich *sehr* auf über diesen offensichtlichen Mangel an Ordnung. ORDNUNG MUSS SEIN! Mir war das alles völlig gleichgültig. Aber nicht der Gestapo. Wir mußten die Farbe und den Inhalt des Koffers genau beschreiben. Alles wurde notiert, und wir mußten das Protokoll unterzeichnen. Absoluter Irrsinn, wenn man bedenkt, daß die Gestapo damals hauptsächlich mit Diebstahl sowie Mord und Totschlag beschäftigt war.

Unnötig zu sagen, daß wir diesen Koffer sehr bald vergessen hatten, und man kann sich meine Überraschung vorstellen, als ich ein Jahr später nach unten gerufen wurde, um einen Koffer zu identifizieren, der gerade angekommen sei. Es war schwer zu glauben: Ein unverschlossener Koffer ohne Namenszettel reiste zu Kriegszeiten unbegleitet in einem Zug von Breslau nach Paris, wurde aufgefunden, identifiziert und wieder seinem rechtmäßigen Eigentümer überstellt – einer Gefangenen im Breslauer Gefängnis, für deren Leben niemand einen roten Heller gegeben hätte. Soweit ich mich erinnere, war alles in Ordnung. Nichts fehlte. Ich fand das nur komisch, unterschrieb eine Quittung und wußte genau, daß ich den Inhalt niemals wiedersehen würde. Es stellte sich heraus, daß das ein Irrtum war. Ich habe einige meiner Kleider wiedergesehen – und zwar am Körper einer Beamtin.

Bald nach der Koffer-»Parade« bei der Gestapo wurden wir wieder gerufen. Diesmal zum eigentlichen Verhör. Renate kam als erste dran, und zu unserem maßlosen Erstaunen wurde sie am Abend wieder in unsere Zelle gebracht – bevor ich am nächsten Tag gerufen wurde. Wir hatten also Zeit, unseren ursprünglichen Plan noch einmal zu bestätigen, und wie verabredet tat ich so, als ob ich kaum bis drei zählen könne, sagte, daß ich keine blasse Ahnung gehabt hätte, was da eigentlich vor sich gehe, und daß ich immer das täte, was mir meine große Schwester sage.

Heute klingt das nicht gerade sehr freundlich, aber man darf nie vergessen, daß wir damals, so oder so, verlorene Menschen waren. Alles, was wir noch tun konnten, war, einen verzweifelten und wahrscheinlich ohnedies nutzlosen Versuch zu machen, unser Ende etwas hinauszuschieben. Wir improvisierten einfach.

Inzwischen hatten wir eine neue Zellengenossin: Hanne-Rose Hertzberg, eine Schulfreundin. Ihr »Verbrechen«: Sie hatte im Waisenhaus ein Zimmer mit uns geteilt. Sie war einige Zeit nach uns verhaftet worden, und so erfuhren wir, was für ein Aufsehen unser »Verschwinden« in der Außenwelt erregt hatte. Zwei jüdische Mädchen hatten die Frechheit besessen, mitten im Krieg ausrücken zu wollen. Durch sie wußten wir auch von dem mutigen Pfarrer (Joachim Conradt hieß er), der für uns gebetet hatte. Das war beinahe, als ob man dem eigenen Begräbnis beiwohnt. Aber es bedeutete eine beträchtliche moralische Unterstützung für uns. Ich kann mir gut vorstellen, was für einen Aufruhr es gemacht haben muß.

Ich schreibe wenig von dem Verhör. Die Wahrheit ist, daß ich mich nur an weniges erinnere. Ohne Zweifel war ich vor Angst gelähmt. Weder Renate noch ich wurden Folterungen ausgesetzt. Der Grund für die »Schonung« wurde uns später klar.

Einundzwanzig Tage vergingen, und wir saßen noch immer im Gefängnis. Inzwischen hatten wir genug gelernt, um zu wissen, daß das ein gutes Zeichen war. Der Hintergrund dafür ist folgender: Die Gestapo und das etablierte Rechtssystem in Deutschland arbeiteten in einer nicht immer harmonischen Koexistenz, und es schien immer eine Periode von einundzwanzig Tagen zu dauern, bis der Beschluß gefaßt wurde, ob Häftlinge in den Händen der Gestapo blieben – das aber hieß sofortiger Abtransport ins KZ – oder ob das Gericht den Fall übernahm: dann bekam man einen (sogenannten) Prozeß.

Es war ein Segen, wenn man den Händen der Gestapo entging, auch wenn es nur für eine begrenzte Zeit war. Zeit zu gewinnen, das war das Allerwichtigste. Jeder Tag, an dem man vor dem Konzentrationslager bewahrt wurde, war ein gewonnener Tag. Im Gefängnis zu sitzen ist vielleicht nicht die angenehmste Lage in der Welt, aber man wird dort nicht ermordet.

Ich bin ziemlich sicher, daß irgendein früherer Kollege meines Vaters interveniert hat, damit wir im Gefängnis bleiben und auf eine Gerichtsverhandlung warten konnten. Natürlich war das nur ein Aufschub – aber ein *sehr* wichtiger.

Wir waren am 16. September 1942 verhaftet worden, und der Prozeßbeginn war der 5. Juni des folgenden Jahres.

Also hatten wir genug Zeit, um uns an die Existenz im Gefängnis zu gewöhnen.

Im Mittelpunkt unseres Daseins stand die große Turmuhr, die man von dem winzigen Fenster unserer Zelle aus gerade sehen konnte, wenn man sich stark den Hals verrenkte. Ich muß wohl an die tausend Mal täglich auf diese Uhr geschaut haben. Die Zeit schien völlig stillzustehen. Ich weiß nicht, warum man sich so die Zeit wegwünschte. Der Hauptgrund dafür war vermutlich unser ständiger Hunger. Jede vergehende Stunde brachte uns der nächsten »Mahlzeit« näher. Diese Mahlzeiten wurden von einem Kalfaktor ausgeteilt, und man war deren Gnade total ausgeliefert. Wenn es ihnen einfiel, den Suppenkessel gerade mal nicht umzurühren, hieß das, daß man mehr oder weniger nur Wasser zu essen bekam. All dies nahm eine geradezu maßlose Wichtigkeit an.

Als klar war, daß wir noch einige Zeit im Gefängnis bleiben würden, bekamen wir glücklicherweise eine Arbeit zugeteilt.

Die alte Dame, die mit uns in der Zelle saß, nähte Knöpfe auf Karten auf. Eine wahnsinnig langweilige Beschäftigung. Renate und mir wurde eine etwas bessere Arbeit zugeteilt, wahrscheinlich weil wir jüngere Augen hatten. Wir bemalten, was man früher »Zinnsoldaten« genannt hat; nur waren sie nicht mehr aus Zinn, sondern aus Kunststoff.

Es gab niemals genug Tageslicht in der Zelle, und so mußte man unter einer nackten elektrischen Birne arbeiten. Ich erlaubte mir eine unerhörte Frechheit: Irgendwie kam ich in den Besitz von einigen Bögen Seidenpapier. Vielleicht waren die »Soldaten« darin eingewickelt. Um unsere Augen etwas zu schützen, machte ich aus diesem Seidenpapier einen Lampenschirm und bemalte ihn mit kleinen grünen Blättern. Noch heute sehe ich ihn genau vor mir. Dieser Schirm gab der Zelle eine beinahe »gemütliche« Atmosphäre, und ich war natürlich darauf vorbereitet, daß das sofort beanstandet werden würde. In der Tat erregte dieser Lampenschirm großes Aufsehen. Eine Beamtin nach der anderen kam in die Zelle, um sich dieses Phänomen anzusehen. Es gab viel Kopfschütteln und hochgezogene Augenbrauen: Das war wohl niemals vorgekommen, daß sich jemand einen Lampenschirm bastelt. Die Angelegenheit kam vor die Gefängnisleitung, und man gab mir dann offiziell die Erlaubnis, den Lampenschirm zu behalten!

Die Arbeit war sehr mühsam. (Wenn Sie mal wieder einen Spielzeugsoldaten in die Hände bekommen sollten, sehen Sie ihn sich näher an. Da sind sehr viele Details daran, wie zum Beispiel die winzigen Knöpfe, die sorgfältig gemalt werden mußten.) Wir versuchten die Arbeit gut zu machen. Das gab einem eine gewisse Befriedigung. Endlich verging die Zeit etwas schneller.

Durch diese Beschäftigung machte ich meine erste Bekanntschaft mit der britischen Uniform, schottischen »Kilts« und englischen »Bearskins«. Das fand ich ausgesprochen faszinierend. Ich verstehe jetzt, warum solche Arbeiten von Gefangenen gemacht werden. Wenn man die Arbeit, die darin steckt, realistisch bezahlen müßte, könnte sich das niemand leisten.

Die Materialien brachte uns eine junge Dame, die später sehr wichtig für mich wurde. Sie hieß Fräulein Neubert. Wir nannten sie »Püppchen«, denn sie war klein und zierlich. Sie war keine Gefängnisbeamtin, sondern Angestellte der Spielzeugfabrik, und trug Zivil. Ich bedauere sehr, daß ich niemals Gelegenheit gehabt habe, sie nach dem Kriege wiederzusehen und ihr für ihre moralische Unterstützung zu danken.

Anfangs kam sie immer nur ganz kurz in unsere Zelle, um die fertigen Soldaten abzuholen und Farben und neues Material zu bringen. Wohl erst als Renate nicht mehr in der Zelle war, fing sie an, mit mir zu sprechen und vorsichtig Fragen zu stellen. Bald entwickelte sich eine Art Routine: Sie öffnete die Zelle und fragte sehr laut, ob wir etwas brauchten. Das war für die Beamtinnen gedacht, die eventuell in der Nähe standen. Wenn die Luft rein war, kam sie in die Zelle, lehnte die Tür an und setzte die Unterhaltung ganz leise fort. Manchmal fand ich ganz unten in den Kartons, in denen die noch unbemalten Soldaten lagen, etwas Brot und einmal sogar einen Kuchen, den ihre Mutter für mich gebacken hatte. Es ist schwer zu beschreiben, was das für mich bedeutete. Es war wie ein Sonnenstrahl in meiner hoffnungslosen Lage.

Als sie am Tag vor meinem Abtransport nach Auschwitz zu mir kam, versuchte sie ein letztes Mal auf unvergeßliche Art, mir Mut zu machen. Ich war schon nicht mehr in meiner üblichen Zelle, und sie muß Erkundigungen eingezogen haben, um mich überhaupt zu finden. Sie brachte mir etwas zu essen und eine Sammlung von kleinen Sprüchen und Sprichwörtern, die, wie sie mir sagte, von ihrer Mutter kämen, mit den besten Wünschen. Irgendwie ist das sehr deutsch: vollkommen naiv und furchtbar gut gemeint. Für mich aber waren solche kleinen Gesten von geradezu unermeßlicher Bedeutung.

Die Unterhaltungen, die ich mit »Püppchen« führte, waren nicht sehr philosophisch. Wir plauderten und redeten über dies und jenes, und es kam wahrscheinlich durch sie, daß ein kleiner Skandal losbrach.

Eines Tages, als wir die Treppe hinuntergingen, um unseren täglichen schweigsamen Rundgang im Hof zu machen, bemerkte ich, daß eine der Aufseherinnen ein Kleid trug, das mir bekannt vorkam. Es war ein Kleid aus meinem Koffer, der seine einsame Reise nach Paris und wieder zurück gemacht und mich im Gefängnis wiedergefunden hatte. (Ich muß hier erklären, daß nicht nur reguläre Beamtinnen im Gefängnis arbeiteten. Manche der Bediensteten trugen keine Uniformen. Weil es damals so viel mehr Häftlinge gab als in normalen Zeiten, hatte man Zivilisten zum Gefängnisdienst herangezogen.)

Auf dem Weg zurück in die Zelle versuchte ich so nah wie möglich an dieser Person vorbeizugehen, um mich zu vergewissern, daß ich mich nicht täuschte. Ich sah mir ihr Kleid genau an, und ich hatte mich nicht getäuscht: es war *mein* Kleid. Ein Irrtum war ausgeschlossen. Meine Mutter hatte alle meine Kleider genäht, und ich kann mich noch heute genau an dieses Kleid erinnern. Es hatte einen kleinen Stehkragen und einen Faltenrock, weit genug zum Cellospielen.

Ich war mir meiner Sache ganz sicher. Ich beobachtete die Angestellte noch einige Tage und erkannte weitere Kleidungsstükke, die mir gehörten. Dies war wohl eine einmalige Situation: Eine Gefangene, die feststellt, daß ihre Bewacherin eine Diebin ist! Offensichtlich war der Koffer, der meilenweit unbehelligt gereist und schließlich wieder seiner Eigentümerin zugestellt worden war, im Lagerraum des Gefängnisses gelandet. Die Gefängsniswärterinnen hatten offenbar das Lager geplündert. Wahrscheinlich ahnte die Aufseherin nicht, wem diese Sachen eigentlich gehört hatten.

Ich erzählte natürlich Fräulein Neubert davon. Gefängnisse sind eine Art Mikrokosmos. Gerüchte fliegen mit erstaunlicher Geschwindigkeit herum, und es dauerte nicht lange, bis die Geschichte der Oberin zu Ohren kam. Ich war nicht allzu überrascht, als ich zu ihr gerufen wurde. Die Gefängnisleiterin war eine sehr intelligente Dame, die sich völlig korrekt verhielt. Sie habe gehört, sagte sie, daß ich eine Aufseherin des Diebstahls verdächtige. Ich sah keinerlei Grund zu lügen und erzählte ihr, was ich beobachtet hatte. Dies brachte die arme Frau in eine unmögliche Situation. Eine Gefangene – und noch dazu eine Jüdin – beschuldigte eine Aufseherin des Diebstahls! Es war klar, daß die Oberin mir glaubte. Nur, was sollte sie tun? Sie konnte die Sache nicht einfach ignorieren. Das ganze Gefängnis sprach von dem Skandal. Sie konnte es sich aber auch nicht erlauben, offen zu zeigen, daß sie einer Jüdin, die behauptete, eine *deutsche Frau* sei eine Diebin, Glauben schenkte. Eine Jüdin war automatisch als Lügnerin und Verbrecherin abgestempelt. Ich wiederum hegte insgeheim die Hoffnung, daß ich vielleicht noch eine zusätzliche Gefängnisstrafe bekommen könnte wegen »falscher Beschuldigung einer Deutschen«. Das wäre mir nur lieb gewesen, denn dies hätte den unvermeidlichen Abtransport ins KZ vielleicht weiter hinausgeschoben.

Aber dazu kam es nicht. Die Oberin war nur daran interessiert, daß ich die Angelegenheit nicht weiter verfolge. Sie sagte mir so taktvoll wie nur möglich, ich müsse mir doch wohl im klaren darüber sein, daß das Wort einer Jüdin, wie glaubhaft es auch immer für sie persönlich sei, *nichts* wiege gegen das Wort einer Deutschen. Leider mußte ich dies einsehen. Aber wenigstens hatte ich die Genugtuung, zu wissen, daß die Oberin an der Wahrheit meiner Aussagen nicht zweifelte. Nur war es in Deutschland damals sinnlos, eine derartige Angelegenheit zu verfolgen. Was aus der Aufseherin geworden ist, weiß ich nicht. Ich habe sie nie wieder zu Gesicht bekommen.

Inzwischen ging das Leben weiter. Wir waren hungrig, und wir bekamen Schwielen am Hintern. Wir lernten die Geräusche zu interpretieren. Wir lernten, was es bedeutete, wenn man an einem Montag gerufen wurde oder an einem Donnerstag. Wir lernten, welcher Transport wohin ging, und wir erfuhren mehr über unsere Mitgefangenen, obwohl es strengstens verboten war, mit ihnen zu sprechen.

Wir wußten zum Beispiel, daß das hübsche tschechische Mädchen in der gegenüberliegenden Zelle mit einem Todesurteil für Sabotage rechnete. Wir wußten auch, daß die Alliierten in Sizilien gelandet waren. Ich erinnere mich nicht mehr, wer es uns gesagt hat. Ich erinnere mich nur, daß diese Nachricht ein Anlaß zu größter Freude war. Ich war so glücklich und voller Hoffnung, daß der Alptraum nun doch eines Tages zu Ende sein würde. Wenn die Amerikaner in Sizilien gelandet sind, kann es bestimmt nur noch ein paar Wochen dauern, bis sie das Gefängnis in Breslau erreichen werden, und dann sind wir alle frei!! In meiner Begeisterung packte ich die Schachtel mit den Knöpfen, die die alte Dame in unserer Zelle noch annähen sollte, und schmiß sie in die Luft. Hunderte von Knöpfen sprangen in der Zelle herum. Als ich mich bückte, um die Knöpfe wieder aufzuheben, kam mir der ernüchternde Gedanke, daß es vielleicht doch länger als ein paar Wochen dauern könnte, bis die Amerikaner uns erreichten. Vielleicht wäre es sowieso zu spät für uns.

Da saßen wir also, bemalten Soldaten und sahen hundertmal am Tag auf die Turmuhr. (Als ich vor ein paar Jahren Breslau – oder

Wrozław – besuchte, habe ich der Uhr wie einer alten Bekannten Guten Tag gesagt.) Die Zukunft war alles andere als hoffnungsvoll. Sie war bedrohend und beängstigend.

Die nächste Hürde bildete die Gerichtsverhandlung. Wir sollten vom Sondergericht verurteilt werden. Das Wort Sondergericht ist passend. Es wurde uns die Möglichkeit gegeben, »von einem Anwalt vertreten« zu werden! Das war nun wirklich ein Witz! Niemand hätte uns »verteidigen« können, sogar wenn er gewollt hätte. Außerdem – so unverständlich das heute klingen mag – waren wir gar nicht daran interessiert, »verteidigt« zu werden. Je höher die Strafe, desto besser. Wenn wir zum Beispiel vom Gericht freigesprochen worden wären, wären wir niemals aus dem Gefängnis entlassen worden. Wir wären sofort wieder von der Gestapo verhaftet worden. Aber die Gefahr eines Freispruches bestand nicht. Unsere Anklage lautete: »Urkundenfälschung – Feindesbeihilfe – und Fluchtversuch«. Eine für uns merkwürdige und groteske Anklage: *Ihr* Feind war nicht *unser* Feind, und der Versuch durch eine Flucht dem sicheren Tod zu entrinnen schien mir ein merkwürdiges »Verbrechen« zu sein! (Übrigens sind wir nach dem Krieg von der Französischen Regierung mit der »Médaille de la Reconnaissance Française« ausgezeichnet worden.)

Die Großmutter, Flora Lasker
deportiert 1942

Der Vater, Alfons Lasker
(1884 – ca. 1942)

Die Mutter, Edith Lasker
(1894 – ca. 1942)

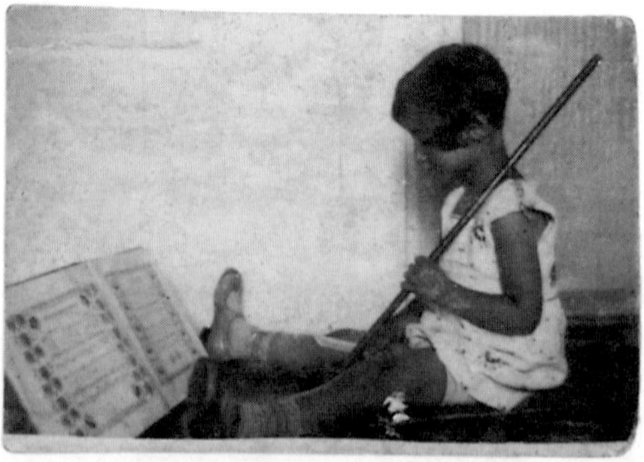

Anita im Alter von drei Jahren

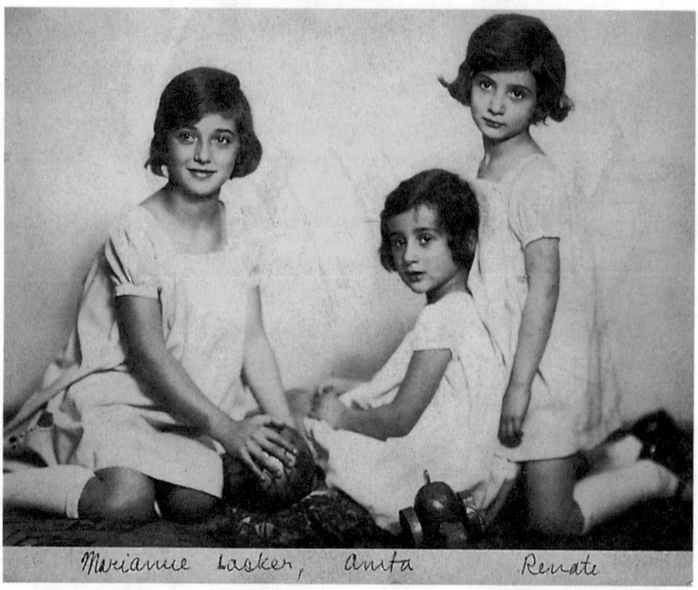

Die drei Geschwister, Breslau 1930

Edith Lasker mit ihren Töchtern Renate, Anita und Marianne, Breslau 1931

Weinhold Schule, Anitas Grundschule
(Anita in der hinteren Reihe, dritte von links)

Anita, Breslau 1939

Anita mit ihrer Freundin Gabi Latte

Anita, Berlin 1938

Anita, Breslau 1939

Renate, Breslau 1939

Marianne, Breslau 1939

Die Familie, Breslau 1939

Eduard Lasker (1885–1983)

Alfons Lasker mit Bruder Eduard

Das Haus in der Kaiser-Wilhelm-Straße 69, ca. 1930

Wohnzimmer, Sitzecke (Kaiser-Wilhelm-Straße)

Alma Rosé mit ihrem Orchester in den späten 30er Jahren

Das Gefängnis (»Graupe«), Breslau 1990

Auschwitz: Alte Männer, Frauen und Kinder auf dem Weg ins Gas

Auschwitz 1944: Ankunft eines Transportes aus Ungarn

Bergen-Belsen, ca. 19. April 1945: Die ehemaligen Bewacher beim Wegschaffen der Leichen (Foto: Renate Lasker)

Bergen-Belsen 1945: Das Lager nach der Räumung

Bergen-Belsen am 21. Mai 1945: Die Vernichtung des Lagers

Das Dolmetscherhäuschen
in Bergen-Belsen 1945

Anita auf der Überfahrt nach England,
März 1946

Anita und Renate, 1946

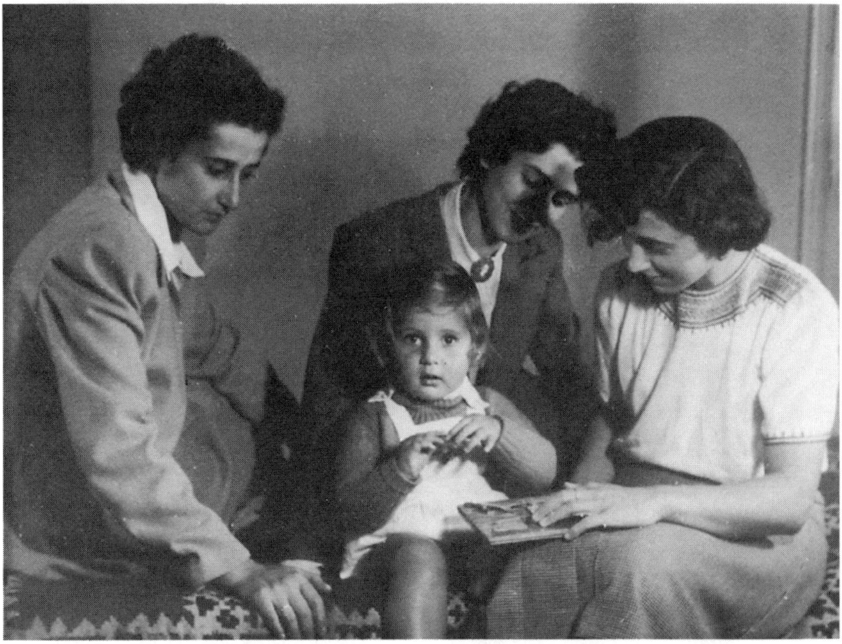

Anita, Renate und Marianne mit ihrem Kind, London ca. 1950

Anita, London 1996 (Foto: Wolf Suschitzky)

DER PROZESS UND RENATES VERLEGUNG NACH JAUER

Meine Erinnerungen an die Gerichtsverhandlung sind verschwommen. Ich erinnere mich aber, daß ich sehr erstaunt war, wie viele Menschen auf der Anklagebank saßen: In der Tat alle, die etwas mit uns persönlich oder mit der Herstellung der gefälschten Papiere zu tun gehabt hatten.

Renates Gedächtnis ist besser als meines, und ich füge hier ein, was sie selbst vor einigen Jahren über den Prozeß und ihren darauffolgenden Abtransport in das Zuchthaus Jauer geschrieben hat:

Anita und ich waren am Morgen vor der Gerichtsverhandlung völlig ruhig – nicht weil wir auch nur die geringste Hoffnung gehabt hätten, mit einer leichten Strafe davonzukommen, sondern weil wir im Gegenteil fest davon überzeugt waren, daß keinerlei Chance für Freispruch oder einen glimpflichen Urteilsspruch bestand. Da die deutschen Behörden damals noch nach außen hin den Eindruck vermitteln wollten, sie respektierten gewisse juristische Traditionen, war es uns gestattet worden, für die Verhandlung in unserer eigenen Kleidung zu erscheinen. Ich erinnere mich noch, daß ich darauf bestand, ein beigefarbenes Angorakleid zu tragen, das meine Mutter mit besonders hübschen Farben bestickt hatte. Da ich damals ganze 17 Jahre alt war, lebte ich noch in der unschuldigen Vorstellung, daß es mir gelingen würde, die hohen Richter durch meine, wie mir damals schien, elegante Erscheinung vorteilhaft zu beeinflussen.

Die Gerichtsverhandlung war eine Farce – der uns zugewiesene Anwalt machte sich nicht einmal die Mühe, bei dem Prozeß anwesend zu sein. Rückblickend wurde mir klar, daß er deshalb nicht erschien, weil er Angst hatte, zwei jüdische Mädchen zu verteidigen, die in den Augen des damaligen Rechtes die unverzeihliche Sünde begangen hatten, einem Leben zu entfliehen, das unweigerlich in einem Konzentrationslager geendet hätte.

Mit uns auf der Anklagebank saßen noch zwei weitere Juden: Die Freundin meiner Eltern, Ruth Krumme, die mit einem nichtjüdischen Deutschen verheiratet war und die, zusammen mit ihrem Mann, auf dem Bahnhof von Breslau verhaftet wurde, als sie mich und meine Schwester zum Zug begleiteten, der uns in die unbesetzte Zone Frankreichs bringen sollte.

Die andere Angeklagte war eine Schulfreundin, die bei uns wohnte, nachdem ihre und unsere Eltern von der Gestapo verschleppt und abtransportiert wurden. Sie hieß Hanne-Rose Hertzberg und war die einzige Tochter eines sehr wohlhabenden Weinhändlers in Breslau. Sie war ein besonders hübsches Mädchen mit langen blonden Haaren und wunderschönen, riesiggroßen braunen Augen. Ihr einziges Vergehen bestand darin, daß sie bei uns gewohnt hat. Sie wurde kurz nach uns verhaftet, und wir teilten die gleiche Gefängniszelle für viele Monate. Da sie ein besonders verwöhntes, verhätscheltes Kind war, hatte sie die größten Schwierigkeiten, sich an das harte Leben im Gefängnis zu gewöhnen. Sie wurde sehr schnell sehr krank und blieb viele Wochen im Krankenrevier der Haftanstalt. Beim Prozeß sahen wir sie schließlich wieder – sie war blaß und sehr zerbrechlich.

Die Urteile, als sie verkündet wurden, überraschten uns kaum. Meine Schwester erhielt eine Strafe von achtzehn Monaten Gefängnis. Ich, als die Ältere, von der man annahm, daß sie die größere Verantwortung für unser »Vergehen« trug, wurde zu einer Zuchthausstrafe von dreieinhalb Jahren verurteilt.

Unsere Freundinnen Ruth Krumme und Hanne-Rose Hertzberg wurden beide freigesprochen. Das bedeutete, daß sie sofort ins Konzentrationslager überstellt wurden, was man mit einem Todesurteil gleichstellen konnte.

Eine teuflische Farce in der Tat – der Angeklagte, der nach dem Freispruch trotz allem einen Funken Hoffnung bewahrt, er käme wirklich frei, wird herausgeführt und direkt in die Hände der Gestapo übergeben.

Wir erfuhren später, daß Ruth Krumme nach Auschwitz geschickt wurde mit der Notiz »Sonderbehandlung« auf ihren Papieren. Dies bedeutete, daß sie direkt nach ihrer Ankunft im Lager getötet wurde. Auch Hanne-Rose Hertzberg kam nach Auschwitz, sie überlebte nur einige Wochen.

Meine Schwester und ich waren erleichtert, daß wir eine weitere Gefängnisstrafe erhalten hatten, weil wir hofften, daß sich dadurch unsere Überstellung in ein KZ so lange wie möglich verzögern würde und daß der Krieg bis dahin zu Ende sein würde. Was für ein kindlicher Traum – doch schließlich waren es solche Träume, die uns immer wieder Kraft gaben, auszuharren.

Wir wurden zurück ins Gefängnis gefahren und konnten durch die eng vergitterten Fenster der »Grünen Minna«, wie diese Häftlingstransporter hießen, einen Blick auf die Straßen »unserer« Stadt erhaschen.

Zwei Tage später kam dann der unheilverkündende Befehl, den jeder Häftling fürchtete: »RENATE SARA LASKER MIT ALLEN SACHEN« – was bedeutete, daß ich mich sofort mit Decke, Blechnapf, Becher und was immer zur Ausrüstung eines Gefangenen gehört, bereithalten mußte, um dorthin gebracht zu werden, wo ich die nächsten dreieinhalb Jahre verbringen sollte.

Selbst nach über vierzig Jahren fällt es mir schwer, die richtigen Worte zu finden, um den Abschied von meiner Schwester Anita zu beschreiben. Auch wenn wir beide noch Kinder waren, wußten wir sehr wohl, daß dies womöglich das letzte Mal sein würde, daß wir uns in den Armen hielten. Für Tränen blieb gottlob wenig Zeit, denn eine Aufseherin trieb mich ungeduldig aus der Zelle.

Unten beim »Empfang« wurde mir meine zivile Kleidung zurückgegeben, ein Koffer und ein Umschlag mit dem Geld, den ich bei meiner Verhaftung auf mir getragen hatte. – Dann wurde ich mit der Grünen Minna zum Bahnhof gefahren und in einem kleinen Raum eingeschlossen, wo ich warten mußte, bis der Zug einfuhr.

Wenn ich mich recht erinnere, gab es in Deutschland während des Krieges in jedem Eisenbahnzug zwei Abteile, die für die Überstellung von Häftlingen reserviert waren, um jeden möglichen Kontakt mit den übrigen Passagieren zu verhindern.

Die Fahrt nach Jauer verlief ohne Zwischenfälle. Durch die eng vergitterten Fenster schaute ich auf die Landschaft, die an mir vorüberglitt. Doch ich interessierte mich kaum dafür. Alle meine

Gedanken waren auf die ungewisse Zukunft gerichtet, die mich erwartete.

Meine Ankunft im Zuchthaus erregte einiges Aufsehen, denn seit über einem Jahr war dort kein jüdischer Häftling mehr eingewiesen worden. Nachdem des Führers Wunsch ausgeführt worden war, nämlich Deutschland JUDENFREI zu machen, war es das Ziel der Behörden, auch sämtliche öffentlichen Strafanstalten dem gleichen Reinigungsprozeß zu unterziehen – ohne Zweifel um Platz für die ständig wachsende Zahl von politischen und nichtpolitischen Gefangenen zu schaffen, die die Gefängnisse immer mehr überfüllten. Zunächst fiel mir der Unterschied zwischen Gefängnis und Zuchthaus nicht wirklich auf, doch ich begriff, daß die Insassen eines Zuchthauses dort bedeutend länger »zur Miete« waren als in den Gefängnissen. Die meisten Zuchthäusler waren Kriminelle, die sehr hohe Strafen zu verbüßen hatten. Manche meiner Mitgefangenen waren seit mehr als zwanzig Jahren in Jauer. Aber es gab auch andere. Als ich dort war, saßen fünf Frauen in Einzelzellen, die auf ihre Hinrichtung warteten. Sie hatten sich politische Vergehen zuschulden kommen lassen, Sabotage, Verteilen von Flugblättern, Verbreiten von defätistischen Gerüchten, oder sie hatten einen gesuchten politischen Flüchtling beherbergt.

Als ich in meine Zelle geführt wurde, war ich zunächst angenehm überrascht. Die Zellen in den Zuchthäusern sind bedeutend geräumiger als in Gefängnissen, und da ich der einzige jüdische Häftling war, blieb es mir erspart, die Zelle mit anderen Frauen zu teilen, die man nicht der Gefahr aussetzen wollte, unter den Einfluß einer Feindin des Reichs zu geraten, die Papiere gefälscht hatte, um aus diesem Reich zu fliehen. Es war eine ungeheure Erleichterung für mich, daß ich allein in einer Zelle sein konnte, auch wenn ich meine Schwester unendlich vermißte.

Bald hatte ich mich an die Zuchthaus-Routine gewöhnt, die sich nur wenig von der eines Gefängnisses unterschied. Der Ton war strenger und die Arbeitsstunden länger – aber das Essen war besser und die »Freizeit« – der tägliche Rundgang im Hof – bedeutend großzügiger bemessen als im Gefängnis, mit einem Nachteil: Im Gefängnis wanderten wir mit den anderen Gefangenen im Kreis herum – im Zuchthaus mußte ich meine Runden alleine drehen. Im Kreis herum, die Hände auf dem Rücken gefaltet, die Augen auf den Boden gesenkt; es war streng verboten, den Blick nach oben zu richten, denn man hätte ja ein freundliches Gesicht an einem der vielen vergitterten Fenster erspähen können.

Die Aufseherinnen waren nicht schlimmer und nicht besser als ihre Kolleginnen im Gefängnis, mit einer Ausnahme: eine kleine Person mit pechschwarzen Haaren, die sie in einem eng zusammengedrehten Dutt am Hinterkopf trug. Sie kam aus Siebenbürgen, sprach ein miserables Deutsch und haßte die Juden, ein Charakterzug, der in jenen Breitengraden nicht ganz unüblich ist. Diese Frau peinigte mich, wenn immer sich ihr die Gelegenheit bot. Sie prophezeite mir ein frühes Ableben in den Gaskammern von Auschwitz, sie schlug mich, wenn ich versehentlich eine der unzähligen kleinen Bestimmungen mißachtete – sie verhöhnte das Andenken meiner Eltern. Sie war eine furchtbare Frau. Doch es gab auch andere: Auch wenn es streng verboten war und kaum eine Chance bestand, ein Wort mit anderen Häftlingen zu wechseln, erhielt ich doch manchmal ermutigende Nachrichten, die mir jemand durch einen Spalt meiner Zellentür flüsterte. Die Langzeit-Häftlinge, deren Job es war, die endlosen Gänge zu putzen und die Mahlzeiten auszuteilen, hatten mich bei meinen einsamen Runden im Hof des Zuchthauses beobachtet und mich offensichtlich ins Herz geschlossen. Ich war die weitaus jüngste Gefangene und erweckte bei meinen älteren Genossinnen Mitleid und mütterliche Gefühle. Beim Essenverteilen bekam ich oft eine größere Portion, und wenn die Luft rein war und die Aufseherinnen anderswo beschäftigt waren, kamen die Frauen an meine Zellentür, und wir sprachen miteinander, so gut dies ging.

Sie waren alle verurteilte Kriminelle, sie hatten gemordet, geraubt und andere schwere Verbrechen begangen. Keinem der politischen Gefangenen war es gestattet, je seine Zelle zu verlassen – doch diese »Kalfaktoren« (so nannte man sie), die wegen ihrer Verbrechen kaum je wieder entlassen werden würden, waren die einzigen, die mir je ein Wort des Trostes und der Ermutigung in diesen Monaten in Jauer zukommen ließen.

Da ich in Einzelhaft saß, war es mir nicht gestattet, wenigstens tagsüber mit anderen Häftlingen zur Arbeit zu gehen. So wurde mir meine Arbeit in die Zelle gebracht. Selbst nach so vielen Jahren schaudert es mich, wenn ich an meine erste Arbeit denke, bei der ich schmählich versagte. Ich sollte graue Socken für die Soldaten an der Front stricken. Doch Wolle war in jenen Kriegsjahren schwer zu finden, und so brachte man mir stinkende steifgeschwitzte Socken, die ich auftrennen sollte, um daraus neue zu fertigen. Als die Frau, die für die Häftlingsarbeit verantwortlich war, am nächsten Tag in meine Zelle kam, brach ich in Tränen aus und gestand, daß ich unfähig sei, die von mir verlangte Arbeit zu machen. Sie hatte, gottlob, Mitleid mit mir, und von jenem Tag an bis zum Ende meines Aufenthalts in Jauer fabrizierte ich Einkaufsnetze in allen Farben des Regenbogens. Ich habe keine Ahnung, wie viele Netze ich in den sechs Monaten meiner Zuchthauszeit anfertigte, doch eines Tages erhielt ich die eindeutige Warnung einer Kalfaktorin, ich möge meinen Arbeitseifer zügeln, denn es habe sich unter den anderen Häftlingen herumgesprochen, daß das Judenmädel in Zelle 9 doppelt so viele Netze filierte wie die anderen. Die Erklärung für meinen Eifer war simpel: Die Arbeit ließ die Zeit schneller vergehen. Schließlich arbeitete ich weiter so fleißig wie vorher, mit dem Unterschied, daß ich am Abend alles wieder säuberlich auftrennte, um die tägliche Quote nicht zu übersteigen. – Wir durften wöchentlich ein Buch aus der Zuchthausbibliothek auswählen – ich suchte mir immer die dicksten aus, denn ich war ein schneller und gieriger Leser und hob mir dieses Vergnügen für den Sonntag auf, wenn nicht gearbeitet wurde.

Auch wenn ich mich rasch an die tägliche Routine eines Zuchthausdaseins gewöhnt hatte, machte ich mir keine Illusion, daß ich die dreieinhalb Jahre meiner Strafe würde in Jauer absitzen können. Selbst in der fast totalen Isolation einer Einzelzelle in einer der bestbewachten Strafanstalten Deutschlands lassen sich Gerüchte nicht total unterdrücken: Als ich eines Tages wegen böser Zahnschmerzen zum Zahnarzt gebracht wurde, saß im Warteraum eine Frau, mit der ich einige geflüsterte Worte wechseln konnte. Sie war, aus mir nicht mehr erinnerlichen Gründen, von Auschwitz nach

Jauer überstellt worden. Von ihr hörte ich zum ersten Mal, daß jede der entsetzlichen Geschichten, die man sich über Auschwitz erzählte, der Wahrheit entsprach.

Einige Tage später wurde ich dann ins Büro des Oberaufsehers gerufen, und wie ich mit meinen Holzpantinen die eiserne Treppe herunterstolperte, wußte ich, daß meine Tage in Jauer sich dem Ende näherten.

Neben dem Aufseher stand ein Mann im Ledermantel, er gab mir ein Papier und befahl mir, es zu unterschreiben.

Es war der offizielle Überstellungsbefehl nach Auschwitz.

Renate Lasker Harpprecht

ABTRANSPORT NACH AUSCHWITZ

Die Gerichtsverhandlung war vorbei, Renate und ich saßen wieder in unserer Zelle, erleichtert, in vertrauter Umgebung zu sein; und mit einem kleinen Funken Hoffnung, daß wir vielleicht doch noch einige Zeit zusammenbleiben würden. Aber das war ein Irrtum: Zwei Tage nach unserer Rückkehr in die Zelle wurde Renate »nach unten« gerufen, und wir wußten, daß der Moment des Abschiednehmens gekommen war. Wir hatten schon so viele Male Abschied genommen, von Eltern, Freunden, aber dieser Abschied war wieder etwas ganz anderes.

Wir hatten immer versucht, optimistisch zu sein, auch angesichts aller überwältigenden Widrigkeiten, aber in unserem Innersten hatten wir doch nicht mehr zu viele Illusionen. Wir wußten, daß wir uns unserem eigenen Ende unwiderruflich näherten. Die einzige Ungewißheit war, welche Form dieses Ende nehmen würde. Zusammenzusein bedeutete einen so unendlichen Trost. Wir konnten über alte Zeiten sprechen, und manchmal gelang es uns sogar, die komischen Seiten unserer Lage in dieser völlig überbelegten Zelle zu sehen. Ich war inzwischen eine sehr gute Imitatorin unserer diversen Wächterinnen geworden, wir sangen Kanons zusammen, und manchmal haben wir sogar gelacht. Wir machten uns gegenseitig Mut. All dies sollte nun aufhören, und wir beide mußten dem, was kommen würde, allein begegnen.

Für den Abschied hatten wir nicht viel Zeit. Im Gefängnis muß immer alles schnell – schnell – schnell gehen (wie dann im Lager).

Es war unwahrscheinlich, daß wir uns jemals wiedersehen würden.

Renate war fort, und ich blieb in der Zelle zurück.

Es war zu dieser Zeit, daß Fräulein Neubert anfing, sich mit mir etwas eingehender zu unterhalten. Sie wollte wissen, wo meine Schwester sei. Ich fing an, mich auf ihre Besuche zu freuen, und sie wurden zum Mittelpunkt meines Tages.

Obwohl ich in dieser scheinbar undurchdringlichen Festung lebte und man mit niemandem reden durfte, drang doch vieles durch. Offenbar war es unwahrscheinlich, daß ich meine Strafe in dem relativen Schutz des Gefängnisses absitzen würde. Die Überfüllung der Gefängnisse nahm ständig zu, und die einfachste Methode, Platz für neue Einlieferungen zu schaffen, war, die noch übriggebliebenen Juden in ein Konzentrationslager abzuschieben. Allerlei Gerüchte schwirrten herum, vor allem über Auschwitz und die Gaskammern.

Ich mußte versuchen, mich mit der nackten Tatsache abzufinden, daß mir genau das bevorstand. Ich wäre unehrlich, wenn ich sagen würde, daß ich keine Angst hatte, aber, so absurd das klingt, man gewöhnt sich daran, Angst zu haben; man ist sich dessen kaum noch bewußt. Eigenartigerweise hatte ich mehr Angst davor, einen Arm oder ein Bein zu verlieren, als vor dem Tod selbst. Ich war mir klar darüber, daß es keinerlei Grund gab, die Gerüchte über Auschwitz für unwahr zu halten, und daß mein Abtransport dorthin unweigerlich näher rückte. Ich verbrachte viele schlaflose und qualvolle Nächte, in denen ich versuchte, mich auf das unvermeidliche Ende innerlich vorzubereiten. Die menschliche Natur ist wirklich vollkommen unberechenbar.

Angesichts dieser unvorstellbar schrecklichen Aussicht, wie irgendein Ungeziefer vernichtet zu werden, gelang es mir, mich irgendwie »außerhalb« der Wirklichkeit zu stellen. Ich hatte eine Bibel in der Zelle und las sie mit großer Hingabe. Ich lernte lange Abschnitte auswendig. Das hat mir sehr geholfen. Ich schuf Abstand zwischen mir und meinem »Feind«. Ich hypnotisierte mich selbst in einen Zustand, in dem ich mich unantastbar fühlte.

Man kann es nennen wie man will, Glaube oder Fatalismus: Ich wußte einfach, daß mich niemand anrühren würde, außer wenn eine »höhere Macht« es anders entschied.

Nur so konnte ich mit meiner Lage fertig werden. Ich hatte damals das reife Alter von siebzehn Jahren erreicht. Ich hatte Angst, aber ich machte den Eindruck, keine Angst zu haben. Vielleicht, weil ich meinen »Feind« unendlich verachtete. Vielleicht hat man dies gespürt. Ich war nur selten Opfer körperlicher Mißhandlungen.

Im November oder Dezember 1943 war es soweit: Ich wurde nach unten gerufen und mußte zu einer »medizinischen Untersuchung«. Es ist kaum zu glauben, aber ich sollte auch ein Papier unterschreiben, daß ich *freiwillig* nach Auschwitz ginge.

Die medizinische Untersuchung war beinahe noch grotesker als das »freiwillig«. Mir war damals alles vollkommen egal. Ich hatte keinerlei Furcht vor irgendwelchen Konsequenzen und fragte den Gestapo-Arzt, warum er eigentlich seine Zeit mit der Untersuchung vergeude, wenn er doch so gut wie ich wisse, wohin ich führe. Er hat nicht geantwortet, aber ich fühlte mich ein bißchen besser, wenigstens irgend etwas gesagt zu haben. Ich wurde in meine Zelle zurückgebracht, und ein paar Tage später wurde ich wieder nach unten gerufen: »ANITA SARA LASKER MIT ALLEN SACHEN!«

Es war ein Donnerstag: Auschwitz-Tag. Ich bekam meine Zivilkleidung wieder – gut, daß noch etwas davon übriggeblieben war – und wurde in eine Einzelzelle gesperrt. Dort sollte ich den Abtransport erwarten. In dieser Zeit besuchte mich Fräulein Neubert. Sie war mir wirklich zur Freundin geworden. Sie kam in meine Zelle – auf ihr eigenes Risiko, denn sie hatte absolut nichts dort zu suchen. Ich bemalte keine Soldaten mehr. Ich erwähnte dies vorher, aber es soll wiederholt werden, da es eines der wenigen guten Dinge war, die mir in dieser Zeit zuteil wurden: Das Essen, die Grüße und Sprichwörter, die sie mir im Namen ihrer Mutter brachte, halfen mir unendlich – und wenn je jemand der Hilfe bedurfte, dann war ich es.

Ich verließ das Gefängnis am nächsten Morgen in der »Grünen Minna«, dann bestieg ich einen Gefängnis-Zug. Dort wurde ich mit einigen anderen Gefangenen eingeschlossen, und wir fuhren ab: Richtung OSTEN. Wir kamen in Auschwitz-Birkenau am Abend an. Ich weiß nicht, um welche Zeit. Weiß nur, daß es dunkel war. Wir wurden in eine Baracke gebracht und warteten.

Wenn ich mich zu erinnern versuche, was meine ersten Eindrücke von Auschwitz waren, denke ich an schwarze Gestalten in Umhängen, bellende Hunde, an unaufhörliches Geschrei und Gestank.

Meine Reisegefährten und ich warteten in dieser Baracke bis Tagesanbruch. Damals wußte ich noch nicht, daß ich die erste Hürde bereits übersprungen hatte. Wenn Transporte in Birkenau ankamen, war eine Empfangskommission von SS-Männern am Bahnsteig, die selektierten, wer ins Lager gelassen würde und wer direkt in die Gaskammer kam.

Mir blieb dieser Selektionsprozeß erspart, und ich verstand den Grund dafür erst später: Ich bin nicht mit einem der üblichen Sammeltransporte von Juden angekommen, sondern in einem Gefängnis-Transport mit relativ wenigen Häftlingen, von denen alle einen Prozeß und eine Verurteilung zu Gefängnisstrafen hinter sich hatten. Dieser Umstand machte uns zu »Karteihäftlingen«. Wir durften nicht sofort vergast werden, denn man könnte uns eventuell noch einmal zu weiteren Zeugenaussagen vor Gericht rufen. Obwohl dieser Status bei der Ankunft »vorteilhaft« war, bewirkte er keineswegs eine bessere Behandlung, wenn man erst einmal im Lager war. Doch es war besser, bei der Ankunft ein Verbrecher zu sein als ein unschuldiger Bürger.

Beim ersten Tageslicht wurden wir in einen anderen Block gebracht. Dort sollte die »Willkommens-Zeremonie« stattfinden. Ich mußte mich ausziehen, mein Kopf wurde rasiert, und die Nummer 69388 wurde auf meinen linken Arm tätowiert. All dies wurde, wie ich erst später verstand, nicht von Deutschen, sondern von Häftlingen gemacht, die in diesem Block arbeiteten.

Ich versuche mich zu erinnern, welche von diesen »Initiationen« die traumatischste war, und ich finde es schwer, eine Entscheidung zu treffen. Ich war wie gelähmt vor Angst und Vorahnungen.

Das Tätowieren war nicht gerade angenehm, denn es wurde mit einem primitiven Gerät ausgeführt, einer Art Federhalter, an dem statt einer Feder eine dicke Nadel befestigt war. Natürlich tat es weh, und ich erinnere mich an Blut und eine Schwellung. Wahrscheinlich war die Nadel infiziert. Ich glaube kaum, daß sie jemals gesäubert worden ist. Ich hatte in gewisser Hinsicht Glück: Das Mädchen, das mich tätowierte, hatte eine annehmbare Handschrift, und meine Ziffern wurden nicht übergroß und ganz unregelmäßig wie manche, die ich gesehen habe. Wahrscheinlich hat mich das Abrasieren der

Haare doch letzten Endes am tiefsten traumatisiert. Man fühlt sich vollkommen nackt, unendlich verwundbar und zu einem *Niemand* reduziert.

Da stand ich also, splitternackt und ohne Haare, mit einer Nummer auf dem Arm. In kürzester Zeit fand man sich jeder Faser menschlicher Würde beraubt. Wir waren plötzlich kaum noch voneinander zu unterscheiden.

Während dieses Aufnahmezeremoniells bombardierten uns die Häftlinge, die diese Arbeit verrichteten, mit Fragen. Alle hungerten nach Neuigkeiten von »draußen«. Das Mädchen, das mich bearbeitete, fragte nach meinem Namen, woher ich käme, wie lange ich glaubte, daß der Krieg noch dauern werde, was ich vor meiner Verhaftung gemacht hätte. Ich erzählte ihr alles, was ich wußte, nicht gerade sehr viel: Schließlich war ich ja schon lange Zeit vor meiner Ankunft in Birkenau kein freier Mensch mehr gewesen. Unter anderem bat sie mich auch, ihr meine Schuhe zu geben, denn sie würden mir sowieso abgenommen.

Was sollte ich anderes tun? Ich zog meine Schuhe aus und gab sie ihr. Ich weiß heute nicht mehr, was mich dazu bewogen hat, ihr zu erzählen, daß ich Cello spiele. Unter den vorherrschenden Bedingungen schien dies Stück Information nicht gerade von welterschütternder Bedeutung zu sein. Die Reaktion war um so erstaunlicher, da sie so vollkommen unerwartet kam. Sie sagte: »Das ist ja phantastisch! Stell dich abseits, bleib dort stehen und warte! Du wirst gerettet werden!« Ich hatte keine Ahnung, wovon sie redete, tat aber, was sie mir sagte, stellte mich abseits von allen anderen und wartete: splitternackt, mit rasiertem Kopf und einer Zahnbürste in der Hand. (Damals wußte ich noch nicht, was für ein großes Privileg schon allein diese Zahnbürste war.)

Ich wartete also und wartete ... ohne Vorstellung, worauf ich eigentlich wartete. Inzwischen war der Block leer geworden, und ich war allein. Ich sah mich um und bemerkte, daß an der Decke Duschen angebracht waren. Es sah genau so aus, wie ich mir die Gaskammern vorgestellt hatte. Was ich nicht wußte, war, daß ich mich in der »Sauna« befand. So nannte man damals diesen Block. Es war der »Entlausungs- und Badeblock«.

Ich war vollkommen verwirrt und dachte, daß nun der Moment gekommen sei, auf den ich mich in so vielen qualvollen Nächten im Gefängnis vorzubereiten versucht hatte. Man hatte zu Anfang nur eine ganz vage Vorstellung, wie eine Gaskammer funktioniert. Später haben wir einiges dazugelernt.

Die Erklärung, auf die ich wartete, kam endlich durch die Tür des Blocks, und zwar in Gestalt einer gutaussehenden Dame in Kamelhaarmantel und Kopftuch. War das eine Wächterin oder eine Gefangene? Sie war so elegant angezogen. Es war mir ein Rätsel. Sie begrüßte mich und stellte sich vor: ALMA ROSÉ. Man hatte ihr berichtet, daß ich Cello spielte. Begeistert fragte sie mich, woher ich käme und bei wem ich studiert hätte. Die Szene war wie ein Traum. Das allerletzte, das ich je erwartet hatte, als ich nach Auschwitz kam, war eine Unterhaltung über mein Cellospiel! Ich war noch immer nackt – mit Zahnbürste. Alma zeigte, wie sehr sie sich freute, daß ich da war, und wieder hörte ich die Worte: »Du wirst gerettet werden«.

Sie erklärte mir, daß ich erst in Quarantäne gehen müsse, aber ich solle mir keine Sorgen machen, ich würde bald von dort abgeholt werden, um vorzuspielen.

Der Quarantäne-Block war der erste – und für viele zugleich der letzte – Block, in den man kam. Die Zustände dort waren unvorstellbar. Man lag in Kojen, zusammengepfercht wie Sardinen. Ich weiß nicht mehr, wie viele in einer solchen Koje liegen mußten. Auf jeden Fall viel zu viele.

Den größten Teil der Zeit verbrachte man beim Zählappell. Man stand im Freien, in Eiseskälte oder Regen, vollkommen unzulänglich bekleidet, fünf lange Reihen, und wartete darauf, abgezählt zu werden.

Diese deutsche Manie, uns abzuzählen, habe ich niemals verstanden. Die Deutschen waren damit beschäftigt, so viele von uns wie möglich zu vernichten – warum sollte es dann so wichtig sein, daß wir alle da sind? So war es aber, und Appellstehen bedeutete eine besondere Tortur. Es war streng verboten, sich zu bewegen, und da diese Prozedur manchmal Stunden und Stunden dauerte, kann man sich vorstellen, was das für Menschen bedeutete, die fast ausnahmslos an Durchfall litten. Auf deutsch: Man stand da, mit fürchterlichen Krämpfen, während die Scheiße einem an den Beinen herunterlief. Wie leicht war es, uns »dreckige Schweine« zu nennen! Keiner, der nicht dort war, kann sich vorstellen, wie groß unser Elend war.

In den Schlafkojen war es wichtig, nicht an der Wand zu liegen, sondern so nahe wie möglich am äußeren Rand. Denn wenn man an der Wand oder in der Mitte lag, war es beinahe unmöglich, in der Nacht aufzustehen, um zur sogenannten Toilette zu gehen. Gott sei Dank blieb ich nicht lange im Quarantäne-Block.

DIE KAPELLE

Eines Tages kam ein SS-Offizier in den Block und rief nach der »Cellistin«. Sein Name war Hössler. Er brachte mich zum Orchester-Block, und da sah ich Alma Rosé wieder – und neben ihr viele Leute, alle mit Instrumenten in der Hand. Das also war das Lager-Orchester. Meine Aufnahmeprüfung begann. Alma gab mir ein Cello und sagte: »Spiel mir was vor.« Es war ungefähr zwei Jahre her, seit ich zuletzt ein Cello in der Hand hatte! Deshalb bat ich Alma, mir einen kleinen Moment zu erlauben, in dem ich mich wieder ein wenig mit einem Cello bekannt machen konnte. Ich übte also ein paar Minuten und spielte – oder besser: versuchte den langsamen Satz aus dem Boccherini-Konzert zu spielen. Nachdem ich das hinter mir hatte, wurde ich Mitglied des Orchesters. Eigentlich hat keinerlei Gefahr bestanden, *nicht* aufgenommen zu werden. Bis zu meiner Ankunft bestand das Orchester aus nichts als Sopran-Instrumenten. Da gab es einige Geigen, Mandolinen, Gitarren, Flöten und zwei Akkordeons (eines spielte eine Holländerin namens Flora und das andere eine junge Griechin namens Lilly Assayal, die, wie ich viele Jahre später herausfand, Murray Perahias erste Klavierlehrerin wurde).

Das erste Stück, das ich mit dem Orchester spielte, war *Marche Militaire* von Schubert. Es war leicht genug und absolut zu bewältigen! Alma war begeistert. Endlich hatte sie einen Baß im Orchester.

So fing meine »Karriere« als die einzige Cellistin des Lager-Orchesters – oder richtiger: der »Kapelle« – an und zugleich mein Leben in dieser kleinen Gemeinschaft, in der rührende Kameradschaftlichkeit, bleibende Freundschaften und giftiger Haß in gleichem Maße nebeneinander gediehen.

Ich will versuchen, dieses menschliche Durcheinander, aus dem die Kapelle bestand, zu beschreiben: Einen Tag nach meinem Probespiel verließ ich den Quarantäneblock und bezog den Musik-

Block. Es ist alles schon so lange her. Mir sind nur noch die wesentlichen Dinge im Gedächtnis geblieben. Dinge, die mir auch damals wichtig waren.

Zum Beispiel werde ich nie den ersten Abend vergessen, an dem ich die Menschen traf, mit denen ich in so unmittelbarer Nähe bis zum Tage unserer schließlichen Befreiung zusammenleben würde. Aber dieser Tag lag noch in der fernen Zukunft, und niemand glaubte wirklich daran, daß er jemals kommen würde.

Ich erinnere mich lebhaft an Hélène – »la petite Hélène«, wie sie genannt wurde, denn es gab auch »la grande Hélène«. Die kleine Hélène kam aus Frankreich und die große aus Belgien (sie war die Konzertmeisterin). Ich hatte wiederum Gelegenheit, dankbar zu sein, daß ich Französisch sprach; ich wurde bei der französischsprechenden Gruppe genauso akzeptiert wie natürlich bei der deutschsprechenden.

Wir saßen im Kreise, und ich wurde sozusagen »verhört«. Es waren die üblichen Fragen: Was sind die Kriegsneuigkeiten, und was hatte ich vor meiner Verhaftung gemacht? Zu meiner größten Überraschung zündete sich Hélène eine Zigarette an und reichte sie mir. Meine erste Zigarette seit Monaten! Es war kaum zu glauben. Ich rauchte ganz unbekümmert vor mich hin und erzählte. Erst viel später, als Hélène und ich sehr gute Freunde wurden, sagte sie mir, daß sie beinahe in Ohnmacht gefallen wäre, als ich die Zigarette so einfach in der Hand gehalten und einen Zug nach dem anderen genommen habe, ohne sie an die nächste Person weiterzureichen. Sie wollte damals nichts sagen, denn ich war ja »Die Neue«. Zigaretten waren ein teurer Luxus, und wir zahlten mit Brot. Brot war *äußerst* kostbar, was wohl die Untertreibung des Jahrhunderts ist. Ich lernte sehr bald, wie man sich verhält!

Merkwürdig: Ich hatte das vollkommen irrationale Gefühl, im Lager größere Freiheit zu haben. Im Gefängnis hatte ich Monate und Monate hindurch auf meinem Hintern gesessen, mit der einzigen Unterbrechung des halbstündigen Rundgangs im Hof – Hände auf dem Rücken – in totalem Schweigen. Im Lager hatte ich Menschen um mich, mit denen ich sprechen konnte, und ich war nicht mehr den ganzen Tag in einer kleinen Zelle eingeschlossen.

Aber diese relative Freiheit im KZ war nichts als eine Illusion: Tatsächlich saß man hier unwiderruflich in einer Falle, und der einzige Weg aus der Falle schien durch den Schornstein zu führen.

In einem Fernseh-Interview wurde ich vor kurzem gefragt – und ich war absolut nicht auf diese Frage vorbereitet –, ob wir nicht vor Angst fast umgekommen seien. Die Antwort auf diese Frage lautet erstaunlicherweise: Nein. Seither habe ich öfters darüber nachgedacht, warum das so war. Die einzige Erklärung, die ich finde, ist diese: Man kann ständige Angst mit einer Art dumpfem Schmerz vergleichen. Wenn man lange genug damit lebt, gewöhnt man sich letztlich daran. Sie wird zu einer Art Hintergrundgefühl, das man kaum noch bemerkt. Der größte Teil unseres Lebens bestand damals aus Angst, und jeder wurde auf seine Art damit fertig.

Wie ich hier so sitze und versuche, nach der langen Zeit, ein Bild von Auschwitz-Birkenau zu entwerfen, fühle ich mehr und mehr meine vollkommene Unzulänglichkeit. Es gab etwa 5000 Konzentrationslager unter dem Nazi-Regime, Auschwitz, Bergen-Belsen, Buchenwald oder Dachau sind nur die bekanntesten. Ich glaube nicht, daß sich die Lager fundamental voneinander unterschieden.

Die Hauptunterschiede waren die Größe und die Methode, mit der die »Insassen« ermordet wurden. Die Lager waren zum größten Teil in der Nähe von Munitionsfabriken errichtet worden, um billige Arbeitskräfte zur Verfügung zu haben. Auschwitz und Belsen haben wahrscheinlich nach dem Krieg die größten Schlagzeilen bekommen. Bergen-Belsen wurde von der Britischen Armee befreit. Für die Zustände, die dort bei der Befreiung vorgefunden wurden, gibt es schlechthin kein Vokabular. Sie sind aber in dem Film *A Painful Reminder* (auch unter dem Titel *Memory of the Camps*) sehr gut dokumentiert.

Auschwitz war wohl das größte aller Lager und unübertroffen in seiner Technik des Mordens und der Beseitigung der Leichen.

Auschwitz, oder Osviecim (wie es polnisch hieß), wurde 1940 gegründet. Zunächst wurden vor allem die Juden aus der Umgebung des nahegelegenen Krakau eingeliefert, dann Millionen von Menschen aus allen Ländern, die von Deutschen besetzt worden waren. Das Lager war schließlich so überfüllt, daß man etwa drei Kilometer davon entfernt eine »Filiale« anlegte: Birkenau. Birkenau wurde im Oktober 1941 von Gefangenen des Hauptlagers aufgebaut.

Ich selbst bin erst spät im Jahr 1943 in Birkenau angekommen und war darum nicht Augenzeuge der entsetzlichen Bedingungen, unter denen das Lager errichtet worden ist. Auschwitz und Birkenau waren Todesfabriken. Viele Bücher sind über Auschwitz geschrieben worden, von Menschen, die sich besser ausdrücken können als ich. Der beste Beitrag, den ich liefern kann, ist, über *mein* Leben dort zu sprechen. Es unterschied sich von dem der Mehrzahl der Gefangenen durch mein Glück, dem Orchester anzugehören. Neben den offensichtlichen Vorteilen war das Wichtigste, daß ich, obwohl ich kahlgeschoren war und eine Nummer auf dem Arm trug, meine Identität trotzdem nicht vollständig verloren hatte. Wohl hatte ich keinen Namen mehr, aber man konnte sich auf mich »beziehen«. Ich war »die Cellistin« und nicht ganz in der grauen namenlosen und unidentifizierbaren Menschenmasse zerschmolzen. Als ich im Lager war, habe ich niemals darüber nachgedacht, aber heute bin ich überzeugt, daß dies half, einen Funken menschlicher Würde zu bewahren.

In der Essenz aber war das Lagerdasein für alle gleich. Die rauchenden Schornsteine waren für jedermann zu sehen und die ständige Warnung, daß wir uns in einem Vernichtungslager befanden. Auch wenn man eine Aufgabe hatte oder in einer der Fabriken arbeitete: Es war eine Existenz auf Abruf, wenn nicht ein Wunder geschähe, gab es keinerlei Grund zu der Annahme, daß man lebendig wieder aus dem Lager kommen sollte. Und trotzdem, die menschliche Natur ist so beschaffen: Solange man noch atmet, hat man noch immer Hoffnung.

Hoffnung ist hier vielleicht nicht das richtige Wort. Mit dem Kopf wußte man einfach, daß es aus dieser Hölle keinen Ausweg gab – außer durch den Schornstein. Und dennoch kämpfte man weiter, aus reinem Instinkt und dem Willen, am Leben zu bleiben. Alma Rosé war wohl die eindrucksvollste Inkarnation dieses Lebenswillens.

In unserem Block – das unterschied ihn von den anderen Blöcken – lebten Juden und »Arier« zusammen. Es gab nur eine Vorbedingung: Man mußte fähig sein, ein Musikinstrument zu spielen oder zumindestens in der Hand zu halten, ganz gleich welches Instrument. Hauptsache war, so viele Menschen wie nur irgend möglich in unseren relativ sicheren Block zu retten. Manche konnten überhaupt kein Instrument spielen und wurden als Notenschreiberinnen aufgenommen.

Alle Musik, die wir spielten, mußte ja für diese ungewöhnliche Ansammlung von Instrumenten arrangiert werden. Unsere Hauptaufgabe war, uns jeden Morgen und jeden Abend am Haupteingang aufzustellen und Märsche für die Tausende von Häftlingen zu spielen, die außerhalb des Lagers arbeiteten (unter anderem bei den I. G. Farben). Natürlich war es von größter Wichtigkeit, daß diese Kolonnen fein säuberlich und im Gleichschritt ausmarschierten! Dafür lieferten wir die Musik.

Wir saßen da, unzulänglich gekleidet, manchmal bei Temperaturen unter Null, und spielten. In dieser strategischen Position wurden wir manchmal Zeuge von Vorfällen, die ich hier nennen will: Gefangene, die das Pech hatten, mit Kostbarkeiten erwischt zu werden, die sie – in der Hoffnung, nicht durchsucht zu werden – »organisiert« hatten, mußten niederknien und aufessen, was immer es auch war. So habe ich einmal gesehen, wie eine Gefangene eine ganze Schachtel Zigaretten aufessen mußte.

Ein typischer Tag in unserem »Kommando« (wie man es nannte) sah wie folgt aus: Wir standen eine Stunde vor Tagesanbruch auf, und einige von uns hatten die Aufgabe, Notenständer und Stühle »nach vorn« zu tragen. Wenn wir alle wieder im Block waren, kam der Zählappell. In unserem privilegierten Falle fand er im Winter im Block statt. Wir standen in Fünferreihen und wurden gezählt. Danach gab es etwas zu trinken. Es war schwer zu identifizieren, *was* es war, aber es war wenigstens lauwarm. Man aß, was einem gelungen war, sich vom vorigen Abend aufzusparen. Dann marschierten wir – wieder in Fünferreihen – zum Tor, setzten uns und spielten unsere Märsche für die ausmarschierenden Kommandos. Diese wurden von Kapos, SS und Hunden begleitet.

Wenn alle draußen waren, marschierten wir in unseren Block zurück – Stühle und Ständer wurden zurückgebracht –, und wir fingen mit unseren Proben an.

Alma Rosé war im wahrsten Sinne des Wortes die Leiterin unseres »Orchesters«. Sie war eine bemerkenswerte Frau: die Tochter von Arnold Rosé, der viele Jahre lang Konzertmeister der Wiener Philharmoniker war und auch ein sehr bekanntes Streichquartett hatte. Almas Mutter war die Schwester Gustav Mahlers; ohne Frage war da ein musikalisches Erbe. Sie selbst war eine erstklassige Geigerin. Vor allem aber war sie eine starke Persönlichkeit. Sie wurde bedingungslos respektiert – von uns und allem Anschein nach auch von der SS. Sie nahm eine einzigartige Position ein. Alma begann ihr Lagerdasein in Auschwitz in dem berüchtigten Block 10, wo der Gynäkologe Prof. Dr. Clauberg sein Unwesen mit Sterilisierungen trieb. Dort stellte man fest, daß sie eine bekannte Musikerin war. Daraufhin wurde sie »gerettet« und bekam die Position, in der ich sie dann antraf.

Wenn es je jemanden gegeben hat, der einer nahezu unmöglichen Aufgabe gegenüberstand, dann war sie es. Unter diesen schwierigen Umständen und mit einer Kollektion äußerst unkonventioneller Instrumente und einer ebenso unkonventionellen Kollektion von Musikern hatte sie die Aufgabe, ein Orchester zu gründen. Man konnte an einer Hand abzählen, wen man als Musiker bezeichnen konnte. Daraus sollte ein Orchester werden mit einem Niveau, für das nur das Allerbeste annehmbar war, nämlich dem Niveau, mit dem Alma selbst aufgewachsen war. Dies bedeutete, daß Alma nahezu allen Note um Note einpauken mußte, und sie warf sich in diese Arbeit mit einer Hingabe und einem Eifer, der unter den gegebenen Verhältnissen absurd schien – denn das darf nicht vergessen werden: außerhalb unserer kleinen Welt arbeiteten pausenlos die Gaskammern!

Alma war unerbittlich streng. Sie bestrafte uns, wenn wir falsch spielten. Ich selbst mußte eine Woche lang auf meinen Knien den Block aufwischen, weil ich schlecht gespielt hatte. Ich war gerade aus dem Kranken-Revier zurückgekommen, wo ich wie durch ein Wunder den Flecktyphus überlebt hatte. Dieser Typhus wird von

Läusen übertragen, und es war so gut wie unmöglich, sich davor zu schützen.

Wenn man den Typhus überlebt und das Glück hatte, daß zufällig mal keine Selektion im Revier stattfand, war man nicht nur vollkommen geschwächt, die Krankheit griff auch das Gehör sowie die Augen an. Während ich im Revier lag, gab es eine Selektion. Das heißt, man wurde aus dem Bett gejagt und mußte nackt an einer SS-Kommission vorbeilaufen, die dann entschied, ob man im Revier bliebe oder vergast würde. Wer zu schwach und krank war, um aufzustehen, hatte verloren. Ich erinnere mich nur, daß einige SS-Leute an meinem Bett standen, und ich hörte wie einer sagte: »Das ist die Cellistin.« Sie gingen an meinem Bett vorbei. Hätte ich aufstehen müssen, wäre ich verloren gewesen.

Nach einiger Zeit – ich weiß nicht mehr, wie lange ich im Revier lag – wurde ich entlassen und kam in den Orchester-Block zurück. Ich hörte schlecht, sah schlecht und spielte schlecht. Falsche Noten waren nicht erlaubt, also wurde ich bestraft und mußte den Fußboden wischen. Ich würde lügen, wenn ich sagte, daß ich Alma damals geliebt hätte, ich war wütend, ich habe sie dafür gehaßt.

Aber, so merkwürdig es auch klingen mag, heute, nach all den Jahren, die seither vergangen sind, habe ich nichts als Bewunderung für Almas Haltung. Ich bin mir nicht darüber im klaren, ob Alma mit ihrer Härte irgendwelche Absichten verfolgt hat oder ob sie rein instinktiv handelte. Eines aber weiß ich: Mit der eisernen Disziplin, die sie uns aufzwang, gelang es ihr, uns von dem abzulenken, was um uns im Lager geschah – von den rauchenden Schornsteinen und dem Elend des Lageralltags zu einem »f«, das hätte ein »fis« sein sollen.

Vielleicht war dies für sie selbst die einzige Möglichkeit, nicht den Verstand zu verlieren. Sie zog uns alle in den Bann ihres Wahns, aus dem Repertoire, das wir spielten, etwas Perfektes zu machen – und gerade damit half sie uns, daß auch wir nicht den Verstand verloren. Ich bin sicher, daß wir Alma viel schulden. Wer von uns überlebte, verdankte es vor allem ihr. Sie duldete nichts Zweitklassiges. Das höchste Lob, das sie geben konnte, wenn wir anständig spielten: »Das wäre gut genug für meinen Vater gewesen ...« Überhaupt sprach sie sehr oft von ihrem Vater, und immer wieder sagte sie: »Wenn irgendeine von uns hier überleben sollte: sucht meinen Vater. Er lebt in London ... erzählt ihm von uns ...«

Offensichtlich hielt sie ihre eigenen Chancen zu überleben, trotz ihrer privilegierten Position, für nicht sehr groß. Ich konnte ihren Wunsch erfüllen und verbrachte ein paar Stunden mit Arnold Rosé als ich nach London kam. Wir sprachen über Alma, und ich schonte ihn so gut wie möglich. Bald darauf starb er selbst.

Um Alma alle Ehre zu erweisen, die ihr gebührt, muß ich hinzufügen, daß ihre Strenge niemals von Angst vor der SS geprägt war. Sie war eine stolze Frau – würdevoll und unnahbar, ganz gleich, ob sie mit uns oder der SS zu tun hatte. Jedermann hatte Respekt vor ihr. Sogar die Deutschen.

Abgesehen von den zwei täglichen Ausgängen zum Tor hatten wir noch andere Funktionen. Wir gaben »Konzerte« – ob man es glaubt oder nicht –, an Sonntagen, manchmal im Freien zwischen Lager A und B oder im Revier. Außerdem mußten wir immer bereit sein, etwas zu spielen, wenn SS-Leute in unseren Block kamen. Sie kamen meistens, um sich von den »Strapazen« der Selektionen zu erholen, bei denen sie entschieden, wer leben und wer sterben sollte. Bei einer solchen Gelegenheit spielte ich die *Träumerei* von Schumann für Dr. Mengele, den berüchtigten Lagerarzt.

Unser Repertoire bildeten deutsche Schlager, die gerade Mode waren, verschiedende Stücke aus Operetten, die *Zigeunerweisen, Zwölf Minuten mit Peter Kreuder, An der schönen blauen Donau, Geschichten aus dem Wienerwald,* Arien aus *Rigoletto, Carmen* und *Madame Butterfly, Dvořákiana* usw. Ich kann mich nicht mehr an alles erinnern, aber wie man sieht, war es eine Promenadenmischung. Wir bekamen die Noten von der SS in Form von Klavierauszügen, die dann orchestriert werden mußten. Das machte es möglich, auch Menschen zu beschäftigen, die überhaupt kein Instrument spielen konnten. Für die »Notenschreiberinnen« galt genau der gleiche Aufschub wie für uns aktive Mitglieder der Kapelle.

Ein geradezu unglaublichen Zufall brachte mich wieder mit meiner Schwester Renate zusammen. Wir waren getrennt, seit sie im Gefängnis in Breslau aus der Zelle geholt wurde, um ins Zuchthaus nach Jauer überführt zu werden. Als wir damals voneinander Abschied nahmen, glaubte keine von uns, daß wir uns je wiedersehen würden. Unser Wiedersehen verdanken wir den Schweinslederschuhen, die ich trug, als ich ins Lager kam.

Meine Mutter hatte mir diese Schuhe gekauft, als wir noch eine Familie waren, und ich war sehr stolz auf sie. Eines Tages verschüttete ich etwas, und die Schuhe waren ruiniert. Meine Mutter war sehr böse mit mir. Die einzige Möglichkeit, etwas zu retten, bestand darin, die Schuhe schwarz zu färben. Jetzt sahen sie ziemlich traurig aus, so ganz schwarz. Ich kaufte also ein Paar rote Schnürsenkel mit Bommeln, das machte sie lustiger. Noch wichtiger war aber, daß sie jetzt sofort zu erkennen waren. Das Mädchen, das mich bei der Ankunft in Birkenau »abfertigte« und dabei ausfragte, sagte mir damals, ich solle ihr doch meine Schuhe geben, denn sie würden mir sowieso abgenommen. Ich sah keinen Grund, das nicht zu tun, zog meine Schuhe aus und gab sie ihr.

Ich war ein oder zwei Wochen bei der Kapelle, als dasselbe Mädchen in den Musik-Block gelaufen kam, um mich zu holen: Ich solle ganz schnell kommen, sie glaube, daß meine Schwester eingeliefert worden sei. Ich raste mit ihr zum Empfangs-Block ... und tatsächlich ... da stand meine Schwester Renate. Es war kaum zu glauben.

Man muß sich über die riesigen Dimensionen des Lagers im klaren sein, um zu begreifen, wie enorm dieser Zufall war. Renate war mit einem Transport aus Jauer angekommen, geriet an dasselbe Mädchen, das auch mich »bearbeitet« hatte, sah die berühmten Schuhe mit den roten Schnürsenkeln und fragte sofort, wie das Mädchen zu den Schuhen gekommen sei. Sie erfuhr, daß diese Schuhe jemandem gehört hätten, der vor kurzem angekommen sei, und daß dieser »Jemand« jetzt bei der Kapelle sei ... Sofort wußte Renate, daß das nur ich sein konnte. So fanden wir uns in diesem unbeschreiblichen Chaos wieder! Es war ein Wunder.

Arme Renate. Sie hatte eine entsetzliche Zeit vor sich, aber zum Glück war ich in der Lage, ihr etwas zu helfen. Sie selbst hat ja ihren Aufenthalt im Zuchthaus hier beschrieben. Sie war auch dort nicht auf Rosen gebettet, aber gegen Auschwitz-Birkenau muß das Zuchthaus ihr wie ein Paradies erschienen sein.

Wichtig war, daß wir wieder zusammen waren. Das gab uns einen zusätzlichen Ansporn zum Überleben – eine für die andere.

Renate verfiel sehr schnell und kam immer mehr herunter. Sie kam in den bereits geschilderten Quarantäne-Block und sie wurde, anders als ich, nicht so rasch wieder herausgeholt. Renate wurde in kürzester Zeit zum kompletten Wrack. Es war zum Erbarmen. Ihr Zustand war so elend, daß es ihr nicht erlaubt wurde, auf unseren Block zu kommen. Da stand sie also draußen und wartete auf mich, bis ich ihr etwas Suppe oder ein Stück Brot brachte. Auf ihren Beinen bildeten sich große, eiternde Wunden, die einfach nicht heilten. Das nannte sich Avitaminose, die Folge einer völlig vitaminlosen Kost. Schließlich bekam sie auch noch Typhus (Flecktyphus und Bauchtyphus), und alles schien verloren. Ich muß gestehen, daß ich oft insgeheim gewünscht habe, daß sie doch endlich still sterben möge, um von ihrem Elend befreit zu werden. Es war zu entsetzlich, wie sie litt und mehr und mehr verfiel.

Ich weiß nicht, wie es ihr gelungen ist, aber sie überlebte den Typhus und wurde aus dem Revier entlassen. Sie sah noch elender aus als zuvor, und es war klar, daß alles verloren sein würde, wenn sie wieder in den Quarantäne-Block zurückkehrte. Da unternahm ich einen verzweifelten Schritt. Ich dachte mir, daß ich ja nichts zu verlieren hätte, und nahm mir die Unverfrorenheit heraus, die Lager-Kommandantin – Frau Mandel – anzusprechen. Was mir den Mut dazu gab, war erstens die Tatsache, daß ich Deutsch sprach, und zweitens wußte ich, daß sie persönlich an der Kapelle interessiert war. Außerdem war ich als einzige Cellistin der Kapelle »unentbehrlich«, und ich glaubte nicht, daß sie mich zur Strafe für meine Frechheit in die Gaskammer schicken würde. Das Schlimmste, was geschehen konnte, war, daß sie mich einfach ignorierte. Ich sagte ihr, daß meine Schwester im Lager sei, und fragte, ob es nicht möglich wäre, sie als »Läuferin« anzustellen.

Als Läuferin hatte man eine sehr gute Position im Lager. Man stand am Tor und wartete darauf, daß man gebraucht wurde, um irgend jemandem eine Nachricht zu überbringen. Man konnte sich frei im ganzen Lager bewegen, ohne angehalten zu werden, bekam etwas bessere Rationen und hatte etwas bessere Lebensbedingungen. Es war kaum zu glauben: Die Mandel war fast höflich und fragte nur, auf welchem Block meine Schwester sei. Ich hatte nun große Angst, daß mein Plan scheitern würde, wenn sie den Zustand meiner Schwester sah. Tatsächlich aber wurde Renate kurz danach Läuferin. Das bedeutete für sie die Differenz zwischen Tod und Leben. Sie wurde langsam etwas kräftiger, bekam bessere Kleidung, und wir konnten uns öfter sehen.

Der größte Vorteil einer Läuferin war, daß sie unbehelligt überall herumgehen konnte und damit fast unbegrenzte Möglichkeiten zum »Organisieren« hatte. Organisieren hieß in der Lagersprache: »sich etwas beschaffen«. Ich glaube, ich kann ohne Übertreibung sagen, daß das Cello nicht nur mir, sondern auch meiner Schwester das Leben gerettet hat.

Wir kämpften einfach weiter. Es ist eigenartig, daß, wenn ich mir Dinge wieder ins Gedächtnis zurückrufe, die ich so viele Jahre hindurch zu vergessen versucht habe, mir eine ganz bestimmte Einzelheit in den Sinn kommt, nämlich der gelbe Lehmboden, der zu einem entsetzlichen Matsch wurde, sobald es regnete. Es war streng verboten, mit schmutzigen Schuhen herumzulaufen, und man kämpfte ständig darum, seine »Fußbekleidung« zu waschen.

Je mehr ich darüber nachdenke, um so mehr wird mir klar, daß es unmöglich ist – jedenfalls für mich –, das Leben in Auschwitz-Birkenau zu beschreiben. Einige Stichworte fallen mir ein, die Ingredienzen dieser Hölle waren: Gestank brennender Leichen ... Rauch ... Hunger ... Angst ... Verzweiflung ... Geschrei ... Muselmänner (so hießen in der Lagersprache ausgehungerte Menschen, die am Ende ihrer Kraft waren). Trotz all dieses hoffnungslosen Elends gab es dennoch eine Art von »Leben« im Lager.

Es gab eine Seite von Auschwitz, über die nur selten gesprochen wird. Wahrscheinlich weil sie womöglich noch absurder und unverständlicher ist als das Grauen, für das der Begriff »Auschwitz« heute steht: Geradezu unglaublicher Reichtum hatte sich in den paar Quadratkilometern angesammelt, auf denen wir uns zusammendrängten. Wie würde man sich verhalten, wenn es an der Tür klopft ... draußen steht ein wildfremder Mensch, meistens mehr als einer, und es heißt: »Raus mit euch ... wir geben euch eine Stunde

Zeit. Ihr dürft mitnehmen, was ihr tragen könnt ...« Es gab Variationen zu diesem Thema, aber das Thema blieb das gleiche. Also was tut man in der Verzweiflung? Man rafft in aller Eile zusammen, was einem am kostbarsten erscheint. Besonders wichtig waren warme Kleidung, Schmuck, wenn man noch welchen besaß – alles, was womöglich irgendwo – Gott weiß, wo – von Wert sein könnte. Tausende, nein *Millionen* von Menschen trugen auf einem relativ kleinen Stück Erde zusammen, was ihnen persönlich am kostbarsten zu sein schien. Manchmal waren es Musikinstrumente wie Geigen oder Cellos – und so kam es dann wohl auch, daß in Birkenau ein Cello auf mich wartete.

Bei der Ankunft im Lager wurde den Häftlingen alles, was sie mitgebracht hatten, sofort abgenommen, die kostbaren Besitztümer wurden aussortiert und in eine Sammelstelle gebracht, die im Lagerjargon KANADA genannt wurde – wahrscheinlich weil Kanada als ein reiches Land galt. Beim Kanada-Kommando zu arbeiten, bedeutete den Gipfel von Prestige, denn man befand sich an der Quelle von allem, was kostbar und nützlich war. Ein Paradies zum »Organisieren«, und es gab absolut *nichts*, was man dort nicht finden konnte. Mein roter Pullover stammte von dort. Als ich ihn mir organisierte, war das ein guter warmer Pullover aus Angorawolle. Er kostete mich eine Menge Brot – Brot war die Lagerwährung. Aus irgendeinem Grund war es strengstens verboten, Angorawolle zu tragen, was mich nicht weiter störte. Ich trug diesen Pullover – immer so, daß man ihn nicht sah – Tag und Nacht bis zum Tage der Befreiung.

Ich besitze ihn noch heute unter meinen »Souvenirs«. Sein Zustand spricht Bände. (Er befindet sich jetzt im Imperial War Museum in London in der permanenten Ausstellung »BELSEN 1945«.

Auschwitz war ein Mikrokosmos. Mit Beziehungen und Brot konnte man alles haben, und es gab natürlich Gefangene, die nach Lagerbegriffen sehr »reich« waren. Jeder Block hatte eine Blockälteste, die nach Belieben Befehle erteilen konnten – denn sie waren es, die das Brot verteilten. Das Brot wurde in vier Teile geschnitten, und nichts war leichter, als die Portionen etwas kleiner zu schneiden, um eine extra Portion zu erhalten. Das war die Quelle der »Währung«.

Es gab eine hochentwickelte Hierarchie, die fast ausschließlich das Lager regierte. Kapo oder Blockälteste zu sein hieß, daß man zur »Aristokratie« gehörte, und diese Aristokratie hatte fast unbeschränkte Macht. Der Mißbrauch dieser Macht war legendär. Aber es gab auch Ausnahmen, und eine dieser Ausnahmen war ein Mädchen namens Mala Zimetbaum, das aus Belgien kam. Mala war Dolmetscherin, und sie hatte viel Einfluß. Trotz allem blieb sie völlig integer. Jeder hatte Respekt vor ihr, und jeder bewunderte sie. Mala und ihr Freund Edek Galinsky, ein junger Pole, machten einen Fluchtversuch und wurden leider bald aufgespürt. Mala wurde ins Lager zurückgebracht. Wir mußten alle antreten, um zuzusehen, wie sie für ihr »Verbrechen« büßte. Sie sollte öffentlich aufgehängt werden, aber Mala kam der Obrigkeit zuvor. Sie schnitt sich auf dem Hinrichtungsplatz die Pulsadern auf, stieß Flüche gegen die SS-Männer aus und schlug mit ihrer blutenden Hand einem SS-Mann ins Gesicht. Man brachte sie auf einem Karren zum Krematorium, wo man sie erschoß.

Unsere Blockälteste war eine Polin namens Zofia Czajkowska. Vor Almas Ankunft war sie die Kapellmeisterin. Aber das war vor meiner Zeit. »Stubenälteste« war Panje Funja. Sie war es, die das Essen austeilte, mit dem Ruf: »Po zupe, Dziewczynki!«. Ich sehe sie noch heute vor mir. Ihr Gesicht, das durch eine Lähmung verzerrt war, und ihre Stimme sind mir unvergeßlich.

Natürlich ging es nicht immer harmonisch bei uns zu. Dazu waren wir viel zu unterschiedlich, schon allein der Nationalität und Sprache nach. Juden und »Arier«, alle im gleichen Block ... da mußte es einfach Reibungen geben. Die nichtjüdischen Polen zum Beispiel erhielten manchmal Pakete mit Lebensmitteln von ihren Familien. Sie hielten sich als Gruppe abseits. Man kann sich vorstellen, wie der Anblick, mehr noch der Geruch von Essen auf uns wirkte. Warum sollten sie auch ihre Pakete mit uns teilen? Das war nicht zu erwarten.

Pakete von draußen zu bekommen war nicht nur eine große physische Hilfe; noch wichtiger war wohl das psychologische Moment. Für uns Juden wurde hier noch einmal bestätigt, *wie* hoffnungslos isoliert wir von der Außenwelt waren – unwiderruflich unserem, wie uns schien unvermeidlichen, Ende in der Gaskammer ausgeliefert. Diese Isolierung schuf andererseits ein starkes Gefühl der Zusammengehörigkeit. Wir saßen sozusagen alle im gleichen Dreck. Das hatte den Effekt, daß sich sehr starke Freundschaften unter vielen von uns bildeten. Man darf nicht unterschätzen, *wie* wichtig die Unterstützung war, die wir uns gegenseitig geben konnten. Ich glaube, daß wir alle ein bißchen zum Überleben des anderen beigetragen haben.

Wir beobachteten uns gegenseitig und waren um einander besorgt. Ich werde nie vergessen, wie sich meine Schicksalsgenossen verhielten, als ich Gelbsucht hatte. Ich konnte die tägliche Rübensuppe nicht mehr vertragen. Mit absoluter Selbstverständlichkeit fischten meine Freunde, was immer sie an kleinen Kartoffelstücken finden konnten, aus ihrer Suppe heraus, sammelten sie und gaben sie mir. Es ist schwer zu beschreiben, was so etwas bedeutete. Ein Stück Kartoffel herzugeben war ein riesiges Opfer. Wir, die Überlebenden des Orchesters, haben später fast alle den Kontakt untereinander aufrechterhalten. Auch das ist ein Zeugnis unserer Zusammengehörigkeit. Ich traf meine Freundin Hilde Grünbaum (sie war Notenschreiberin) vor ein paar Jahren zum ersten Mal seit 1945, und wir hatten beide das Gefühl, als hätten wir uns niemals getrennt. Ich bin in regelmäßigem Kontakt mit der »großen« Hélène in Brüssel - Fanny ist leider vor ein paar Jahren gestorben. Beide haben Renate und mir später so sehr geholfen. Violette, eine Französin, sehe ich sehr häufig. Seit ein paar Jahren habe ich wieder Kontakt mit zwei polnischen Mitgliedern des Orchesters aufgenommen, Helena und Zofia, worüber ich mich sehr freue. Wir trafen uns in Krakau, sind noch immer durch Sprachprobleme behindert, aber es ist uns trotzdem gelungen, eine gute, ehrliche Beziehung herzustellen.

Viele von uns sind inzwischen gestorben, und ich denke oft und mit großer Zuneigung an sie alle. Der amerikanische Dramatiker Arthur Miller schrieb vor geraumer Zeit das Drehbuch zu einem Film über das Orchester in Auschwitz. Es muß hier gesagt werden, daß seine Darstellung völlig falsch war. Wir waren keine Gruppe unbändiger Mädchen, die sich bei jeder Gelegenheit gegenseitig zu bestehlen oder zu verraten suchten. Im Gegenteil. Trotz aller Unterschiede in Charakter und Herkunft bildeten wir eine zuverlässige Gemeinschaft, die ihr elendes Dasein und die Aussicht auf ein ebenso elendes Ende miteinander teilte, voller Besorgnis um einander, voller Wärme und Freundschaft.

Ich will hier aus dem Französischen übersetzt zitieren, was Fanny Kornblum vor einigen Jahren dazu schrieb: »Ich habe wunderbare Erinnerungen an das fabelhafte Verständnis, das unter uns herrschte. Besonders an die kleinen mutigen Gesten, mit denen wir versuchten, einander den Mut zu geben, irgendwie durchzuhalten. Die Hoffnung, in der wir uns gegenseitig bestärkten, wenn nichts mehr zu hoffen war, und das Brot, das wir miteinander teilten. – Wir sind Menschen geblieben, und für den, der das Lagerleben mitgemacht hat, ist es eine große Sache, seine Würde bewahrt zu haben. Ich bin stolz, ein Mitglied der Kapelle gewesen zu sein. Meiner Meinung nach war jede von uns für das Verhalten der anderen verantwortlich (...)«

Diese Worte sprechen für sich. Es ist unverständlich, daß ein anderes Orchestermitglied, Fania Fénelon, in ihren Memoiren, der Vorlage für Arthur Millers Film, ein so falsches Bild von dem Orchester gegeben hat. Fania war ein geschätztes und geachtetes Mitglied unserer Gemeinschaft. Die »große« Hélène zum Beispiel, die damals noch sehr jung war (sechzehn oder siebzehn), erinnert sich, daß Fania ihr abends Märchen erzählt hat, um sie etwas von der grausamen Wirklichkeit abzulenken.

Fania war einige Jahre älter als die meisten von uns und eine der wenigen ausgebildeten Musikerinnen. Sie hatte ein phänomenales musikalisches Gedächtnis, und ich werde niemals vergessen, wie wir eines Abends »Kammermusik« in Auschwitz machten. Sie schrieb Beethovens Pathétique-Sonate aus dem Gedächtnis auf, arrangiert als Streichquartett, und wir spielten das Stück zu unserem eigenen Vergnügen. Ein Kammermusikabend in Auschwitz! Damit hoben wir uns im wahren Sinne des Wortes über das Inferno, in dem wir lebten, in Sphären hinaus, die nicht von den Erniedrigungen einer Existenz im Konzentrationslager berührt werden konnten.

Alma starb am 4. April 1944 in Block 4. Ihr Tod war von vielen

Gerüchten begleitet. Alma hatte den Abend vor ihrer Erkrankung mit Frau Schmidt, dem Kapo der Bekleidungskammer, verbracht. Es hieß, Frau Schmidt hätte sie vergiftet. Wie die Mehrzahl von uns war ich anderer Meinung. Ich erinnere mich, daß Alma über furchtbare Kopfschmerzen geklagt hat, und wir sind so gut wie sicher, daß sie an Gehirnhautentzündung gestorben ist. Wir waren wie vor den Kopf gestoßen. Ohne Alma fühlten wir uns doppelt bedroht. Alma *war* ganz einfach das Orchester.

Erst vor kurzem kam mir ein Buch in die Hände: *Elf Frauen. Leben in Wahrheit: Eine Ärztin berichtet aus Auschwitz Birkenau 1942–1945* von Dr. Margita Schwalbová (Anhang Seite 216). Dr. Schwalbová war offensichtlich eine Freundin Almas. Obwohl sie die Möglichkeit einer Alkoholvergiftung erwähnt, ist auch aus diesem Bericht kein endgültiger Schluß zu ziehen.

Daß Alma eine Sonderstellung im Lager innehatte, zeigt sich auch an der Tatsache, daß wir nach ihrem Tod ins Revier gerufen wurden, wo wir an ihrem auf einem weißen Tuch aufgebahrten Leichnam vorbeidefilierten. Selbst die SS schien über diesen Verlust erschüttert.

Es war Alma mit ihrer starken und würdevollen Persönlichkeit, die stets mit »der anderen Seite« verhandelte. Sie war es, die mit den Lagerkommandantinnen – Mandel oder Drechsler – sprach, um zusätzliche Rationen für uns zu bekommen. Das Wichtigste war: daß wir ohne Alma keine »Führung« im weitesten Sinne mehr hatten. Natürlich fuhren wir fort, zweimal täglich am Tor, unsere Märsche zu spielen, aber wenn wir in den Block zurückgingen, um ein neues Repertoire zu lernen, dann machte sich Almas Abwesenheit nur zu sehr bemerkbar.

Eine unserer Kolleginnen, die Russin Sonja, wurde von der SS als Almas Nachfolgerin eingesetzt. Sonja war offensichtlich ein Liebling der SS. Sie war Sängerin, spielte Klavier, und sie war ganz hübsch, aber ihr Talent war begrenzt. Niemand respektierte sie, und in ganz kurzer Zeit verschlechterte sich das Niveau der Kapelle in jeder Hinsicht.

Es war Mai 1944. Die Transporte aus Ungarn kamen an. Tausende und aber Tausende von ungarischen Juden strömten ins

Lager. Die Mordmaschine war der Situation nicht mehr gewachsen. Die Gaskammern und Krematorien arbeiteten 24 Stunden ohne Unterbrechung ... Vergasen ... Verbrennen ...... Morden. Am Ende warf man Menschen lebendig in die Flammen. Im Laufe eines Tages gelang es der SS, 24.000 Ungarn zu ermorden.

Mit diesen Transporten kamen einige Musiker ins Lager, die die Kapelle verstärkten, unter ihnen Eva Steiner, eine Sängerin (sie hat überlebt) und Lilly Mathé. Lilly war Geigerin und bekannt durch ihr Zigeunerkinder-Orchester, mit dem sie vor dem Krieg internationale Tourneen unternommen hatte. Sie war eine warme und großzügige Frau und leistete einen enormen Beitrag zur Arbeit der Kapelle. Wir begannen viel ungarische Musik zu spielen, wie den Csárdás von Monti, und verdanken es Lilly, daß wir das Interesse der SS an der Kapelle noch einige Zeit aufrechterhalten konnten. Aber es war klar, daß Alma durch niemanden ersetzt werden konnte.

Wir waren komplett von der Außenwelt abgeschlossen und hatten keine Ahnung, wie der Krieg fortschritt. Wir lebten von einem Tag zum anderen. Wie lange konnte das anhalten? Eines Tages – ich glaube, es war Ende Oktober 1944 – kam der gefürchtete Moment. Wir mußten antreten: Juden auf eine Seite, Arier auf die andere! Das konnte nur eines heißen: *Gaskammer*.

Ich erinnere mich, daß ich unbedingt meine Schwester erreichen wollte, damit sie erfuhr, was geschah. Es stellte sich heraus, daß wir uns getäuscht hatten. Wir gingen nicht in die Gaskammer – es schien unglaublich: Wir sollten zum Transport in ein anderes Lager geschickt werden. Wir empfanden das als ein Wunder. Niemand von uns hätte je geglaubt, daß wir tatsächlich Auschwitz nicht durch den Schornstein verlassen würden! Natürlich ahnten wir nicht, *was* uns noch alles bevorstand.

Erst mußten wir unsere Kleider ausziehen. Damals hatten wir uns alle relativ annehmbare Kleidung organisiert. Die mußten wir jetzt abgeben und bekamen eine neue, völlig wahllos ausgeteilte »Ausstattung«, die für die Jahreszeit völlig unzureichend war. Diese Tatsache allein ließ uns erkennen, daß unsere »privilegierte« Zeit zu Ende war. Es gelang mir immerhin, meinen roten Pullover zu retten, der mich bis zur Befreiung begleitete.

Renate mußte gehört haben, was vor sich ging, und sie kam. Also jetzt sollten wir wieder voneinander Abschied nehmen. Allein der Gedanke, daß sich unsere Wege – wohin immer sie auch führen mochten – trennen sollten, war für uns beide unvorstellbar. Mit größter Selbstverständlichkeit schloß sich Renate unserem Transport an. Niemand hinderte sie daran, und wir bestiegen einen der so bekannten Viehwaggons und fuhren ab, irgendwohin ...

VON AUSCHWITZ NACH BERGEN-BELSEN

Damals wußten wir nicht, was man heute weiß: daß die russische Front immer weiter nach Westen vordrang. Unsere Evakuierung folgte dem Plan der Deutschen, so wenig Beweismaterial wie möglich über Vernichtungslager für die Russen zurückzulassen. Warum man uns durch halb Europa schleppte, wenn man uns mit Leichtigkeit hätte vergasen können, werde ich nie begreifen.

Wir wußten nur eins: Wir fahren ... wir entfernen uns von Auschwitz. Von den Gaskammern. Wir waren beinahe zufrieden.

So fing unsere Reise gen Westen an. Es ging ein Gerücht herum, daß wir in ein »Erholungslager« gebracht würden. Aber an Gerüchten fehlte es nie.

Der Name dieses Lagers sollte Bergen-Belsen sein. Niemand hatte je davon gehört. Seit ich das Buch von Eberhard Kolb, *Bergen-Belsen*, gelesen habe, verstehe ich – soweit man es je verstehen kann –, wie Belsen zu dem Ruf kam, ein »Erholungslager« zu sein. Kolb schrieb:

»Die Anfänge der Barackensiedlung reichen in die Jahre 1935/36 zurück. Damals wurden in der Heide bei Belsen große Flächen vom Reich aufgekauft, die dort ansässigen Bauern ausgesiedelt, und im Herbst 1935 begann man – im Rahmen der deutschen Wiederaufrüstung – mit der Anlage eines Truppenübungsplatzes. Es war daher notwendig, Tausende von Handwerkern und Bauarbeitern aus dem ganzen Reichsgebiet in der Gegend von Belsen zusammenzuziehen (...) Für einen Teil dieser Arbeiter wurde (...) ein Lager aus Holzbaracken errichtet, das nach dem Abzug der Bauarbeiter (1938) zur Lagerung von Waffen benutzt wurde und nach der Beendigung des Frankreichfeldzuges (1940) als Kriegsgefangenenstammlager (Stalag) für französische und belgische Kriegsgefangene diente. Durch diese Kriegsgefangenen wurde das bestehende Barackenlager ausgebaut und erweitert, außerdem begann man einen weiteren Lagerkomplex zu errichten, der sich tief in die

Heide hinein erstreckte. Der Aufbau hatte kaum begonnen, da wurde das Stalag BB nach dem deutschen Überfall auf die Sowjetunion zum Aufnahmelager für russische Kriegsgefangene bestimmt. Von August 1941 strömten riesige Transporte mit völlig erschöpften russischen Kriegsgefangenen in den erst im Aufbau befindlichen Lagerteil, wo sie größtenteils im Freien kampieren oder in Laubhütten hausen mußten, weil die Baracken noch nicht aufgestellt waren. Angeblich befanden sich im Herbst 1941 bereits etwa 14.000 Russen in diesem neuen Lagerteil. Trotz ständiger Neuzugänge blieb die Zahl (...) einigermaßen konstant, denn in diesen Monaten starben die russischen Kriegsgefangenen zu Tausenden (...) Nach dem Erlöschen der Seuche wurde (...) dieser Lagerteil bis zum Frühjahr 1943 allmählich vollständig geräumt. Im ursprünglichen Stalag wurde dagegen ein Lazarettlager eingerichtet, in dem man Kriegsgefangene aller Nationalitäten (...) unterbrachte. Während dieses Lazarettlager auch in den Jahren 1943 und 1944 bestehenblieb, wurde der bis zum Frühjahr 1943 geräumte Lagerteil vom Chef des Kriegsgefangenenwesens ans SS-Wirtschaftsverwaltungshauptamt abgetreten. Dieser Lagerkomplex also, in welchem die Baracken in größter Eile aufgestellt worden waren, in welchem es keine Kanalisation und kaum Waschanlagen gab, wurde dazu ausersehen, als ›Vorzugslager‹ für die Austauschjuden zu fungieren.«

Wir wußten von alldem nichts. Wir fuhren nach Westen. Daß ich mich nur dunkel an diese Reise im Viehwagggon erinnere, ist wohl symptomatisch für die Notwendigkeit, einige Erlebnisse außer Reichweite zu schieben.

Die Reise dauerte vier Tage, und wir froren furchtbar. Wir versuchten uns zu wärmen, indem wir den Körper des anderen anhauchten, wir versuchten einander aufzumuntern, wir sangen unser Repertoire, statt es zu spielen, jeder sang seine Stimme. Es war klar, daß wir, Kapelle oder keine Kapelle, zusammenhalten würden. Eines Tages hielt der Zug. Nicht auf einem Bahnhof, sondern, wie es schien, mitten in der Landschaft. Dann kam der übliche Empfang: Raus ... schnell ... schnell! Wir fielen aus dem

Waggon, stellten uns wie immer in Fünferreihen auf und fingen an zu marschieren – Richtung Belsen in der Lüneburger Heide.

Die Lüneburger Heide war damals kaum besiedelt. Wir begegneten keiner Menschenseele. Wir marschierten und marschierten. Der Weg schien endlos. Plötzlich hörten wir Schüsse. Das war nicht gerade vielversprechend. Dann kamen wir an einem Schild vorbei. Ich las: ZU DEM SCHIESSSTAND! In gotischer Schrift sieht das Z dem J ein bißchen ähnlich, und so las ich es als: JUDEN SCHIESSSTAND. Ich war überzeugt, daß wir jetzt hier alle erschossen würden, obwohl es absurd zu sein schien, daß man uns diesen ganzen Weg hergeschleppt haben sollte, um uns dann bei der Ankunft zu erschießen. Aber Logik beherrschte die Deutschen und ihre Mordmaschinerie nie! Alles war möglich. Ich erinnere mich genau, daß ich hoffte, als erste erschossen zu werden. Ich wollte nicht mit ansehen, wie Renate und meine Freunde erschossen würden, und ich hatte eine gute Chance, denn ich war in der ersten Reihe. Wir liefen schweigend weiter, am Schießstand vorbei, das Schießen hörte nicht auf, aber es galt nicht uns.

Endlich kamen wir am Lager an. BELSEN! Was wir sahen, war nicht erhebend. Ein paar Baracken, ein paar riesige Zelte, Wasserhähne an einer Röhre im Freien. Renate erinnerte mich daran, daß wir eine Frau mit einer Kapobinde am Arm sahen, die sich über einen Suppenkübel beugte und ihn auskratzte. Sie bemerkte trocken: »Wenn ein Kapo so etwas nötig hat, dann muß es schlimm sein...«

Renate hatte recht. Es war schlimm. Sehr schlimm. Aber immer noch nicht halb so schlimm, wie es später werden sollte. Das größte Problem am Anfang: Es gab keinen Platz für uns. Das Lager war zu der Zeit relativ klein, es bestand aus etwa tausend Menschen. Wir waren dreitausend Neuankömmlinge. Diese Zahlen sind vielleicht nicht völlig korrekt, aber Tatsache blieb: Es gab für uns keine Baracken.

Es war Winter, wir standen da und warteten. Nach einer Weile bekamen wir eine Decke und ein Eßgeschirr zugeteilt. Dann fing der Zirkus an: Wir wurden zu unserem neuen »Wohnsitz« gebracht ... und siehe da, es waren Zelte! Die Zelte waren leer, über der nackten Erde aufgeschlagen.

Kann man sich vorstellen, was es bedeutet, Hunderte von Menschen in ein solches Zelt zu pferchen? Es wäre vernünftig gewesen, zunächst Gänge zu schaffen, damit man nicht einfach auf anderen Menschen herumzutrampeln hatte, wenn man unbedingt aus dem Zelt mußte. Man sollte meinen, daß das einfach genug klingt. Das war es aber nicht.

Alle stürzten sich gleichzeitig in das Zelt. Man wollte nur eines: sich irgendwo hinlegen, ganz gleich wo. Wir waren vollkommen erschöpft. Meine Freundin Hilde und ich versuchten verzweifelt, irgendein System herzustellen. Wir versuchten die Leute zu überreden, sich in Reihen hinzulegen und Gänge freizulassen. Ohne Gänge würde das Dasein in dem Zelt noch unerträglicher werden, als es sowieso war ... Ich erinnere mich, daß wir uns aufregten und schrien, doch es war vergebliche Mühe.

So lebten wir: alle auf einem Haufen, auf der nackten Erde, in einem vom Sturm gepeitschten Zelt, kalt und elend.

Aber wenn wir dachten, daß es schlimmer gar nicht sein könnte, hatten wir uns schwer getäuscht. Es sollte noch viel schlimmer werden.

Eines Nachts raste ein fürchterlicher Sturm über die Lüneburger Heide. Es goß in Strömen. Die Zelte waren dem Wind und Regen nicht gewachsen. Mitten in der Nacht fielen sie zusammen. Es war stockdunkel, und da lagen wir – begraben unterm Zelt! Jeder versuchte verzweifelt, freizukommen. Irgendwie gelang es. Und dann standen wir da ... im Freien ... in strömendem Regen ... bis zum nächsten Morgen. Es ist unglaublich, *was* der menschliche Körper alles aushalten kann. Wir waren alle mehr als unterernährt, dürftig gekleidet, und doch: da standen wir, über uns der Himmel, vor Kälte klappernd, vollkommen durchnäßt, in einem wütenden Sturm. Ich habe mich nicht einmal erkältet.

Es ist mir ein Rätsel, wie wir diese Nacht ohne ernste Folgen überstanden.

Als endlich der Tag anbrach, wurden wir in einen Lagerraum gebracht, der voller Schuhe war. Welch ein Luxus ... wir hatten ein Dach über dem Kopf! Natürlich war es streng verboten, auch nur einen Schuh anzufassen. Wie lange wir in diesem Schuhlager waren, weiß ich heute nicht mehr. Ich erinnere mich nur, daß es mit der Zeit ziemlich langweilig wurde, daß ich neben einer Ungarin saß und mir dachte, das wäre eine gute Gelegenheit etwas Ungarisch zu lernen. Sehr erfolgreich war der Versuch nicht, denn Ungarisch ist eine sehr schwere Sprache. Aber es half die Zeit zu vertreiben. Wir hatten kaum Platz, uns zu rühren in diesem Schuhbunker, der nicht als Wohnbaracke gedacht war. Aber wenigstens waren wir geschützt.

Eines Tages nahm unsere Schuhbunkerzeit ein Ende. Plötzlich gab es Baracken für uns. Das Gerücht ging um, daß diese Baracken von russischen Kriegsgefangenen bewohnt gewesen waren und daß man sie ermordet hatte. Heute, nachdem ich die Geschichte Bergen-Belsens gelesen habe, hege ich den Verdacht, daß das nicht nur ein Gerücht war, sondern den Tatsachen entspricht. Es gab dort ein russisches Gefangenenlager, und Tausende Häftlinge sind zugrunde gegangen. Nur weiß ich nicht mit Bestimmtheit, ob man die Russen ermordet hat, um Platz für uns zu schaffen. Leider ist das heute nicht mehr von Bedeutung.

Bei dem Wort BELSEN hat man sofort Bilder von Haufen unbegrabener nackter Leichen und halbtoter menschlicher Skelette zwischen den Leichenhaufen vor Augen.

Ich gebe zu, daß mich der Mut ein wenig verläßt bei dem Versuch, zu beschreiben, *wie* es war, dort zu *leben*. BELSEN ist im wahrsten Sinne des Wortes unbeschreiblich. Ich werde dennoch versuchen, einige Dinge zu erzählen, so gut ich es kann.

Obwohl wir nicht mehr die Kapelle waren, hielten wir mit völliger Selbstverständlichkeit als Gruppe zusammen. Das ergab sich ganz natürlich, ohne Diskussion, und unsere Gemeinschaft war zweifellos das wichtigste Element in unserem Kampf ums »Überleben«: Soweit wir überhaupt eine Kontrolle über unser Leben hatten.

Wir paßten aufeinander auf wie die Luchse. Es war so schwer, der Versuchung zu widerstehen, sich gehen zu lassen und sich nicht mehr jeden Tag von Kopf bis Fuß zu waschen. Die Wasserhähne befanden sich im Freien, und es war Winter. Wir beobachteten uns gegenseitig, wie wir immer mehr abmagerten, und wir teilten miteinander, was immer wir an Eßbarem auftreiben konnten.

Man darf nicht vergessen, daß anfangs das Lager nicht so ausgesehen hat, wie man es von den späteren Filmaufnahmen kennt. *Noch* gab es keine Haufen von Leichen. Wir existierten von einem Tag zum anderen. Dann sprach sich herum, daß jemand gestorben sei. Es war also eine Leiche auf dem Block. Die erste von Tausenden, die noch folgen sollten. Natürlich mußte die Leiche aus dem Block entfernt werden. Ich weiß nicht mehr, wer mit mir kam, aber ich erinnere mich, daß ich aufstand und mich dazu meldete, diese Aufgabe zu übernehmen. Ich hatte noch nie im Leben eine Leiche angefaßt und wollte es auch damals nicht wirklich tun; aber irgend etwas zwang mich, dabei zu helfen. Wahrscheinlich wollte ich mir selbst beweisen, daß *nichts* unmöglich ist und daß es keine Situation gebe, mit der ich nicht fertig werden könnte.

Sehr bald wurden Tote so alltäglich, daß man sie kaum mehr beachtete. In Belsen funktionierte nichts mehr, denn es war nicht mit den raffinierten Einrichtungen ausgestattet wie Auschwitz, wo man mit relativer Leichtigkeit Leichen »verarbeiten« konnte. Auschwitz war ein Lager, in dem man Menschen systematisch ermordete. In Belsen krepierte man einfach. Mit dem Vormarsch der Alliierten schrumpfte Deutschland immer mehr zusammen. Die Konzentrationslager, die sich am Weg des Rückzuges befanden, wurden geleert. Die »Todesmärsche« fingen an. Tausende und aber Tausende von Gefangenen »marschierten« in Richtung Westen. Marschieren ist ein falsches Wort. Sie wurden getrieben und gehetzt. Wer nicht mehr weiterkonnte, wurde erschossen, und wer diese Todesmärsche überlebte, war mehr tot als lebendig. Tausende von diesen Halbtoten kamen in Belsen an. Sie rutschten buchstäblich auf Knien ins Lager. Tausende gingen zugrunde. Ich habe es mit eigenen Augen gesehen.

Unsere persönliche Lage hatte sich unterdessen geändert. Man gab uns Arbeit. Wir wurden in die »Weberei« geschickt. Von Weben war dabei nicht die Rede. Wir flochten dicke Zöpfe aus Cellophan und konnten nur raten, wozu man sie brauchte. Die Arbeit war nicht gerade inspirierend, aber es war Arbeit und besser, als nichts zu tun. Der Typhus wütete und erwischte alle, die ihn in Auschwitz noch nicht gehabt hatten wie Renate und ich. Wenn man einmal Typhus gehabt und überlebt hat, ist man immun.

Die Tage vergingen, und das Wetter besserte sich. Obwohl es eine große Erleichterung war, nicht ständig zu frieren, kam mit dem Frühjahr nur neues Unglück. Die Zustände wurden täglich schlechter, es gab immer weniger zu essen. Dann kamen die Tage, da es überhaupt nichts mehr zu essen gab. Die Menschen starben wie die Fliegen. Die Leichenhaufen wurden höher und höher, und bei dem wärmeren Wetter begannen sie schnell zu verwesen. Wir bewegten uns in dieser Landschaft wie Zombies.

Zu der Zeit arbeitete Renate in der sogenannten Administrationsbaracke, und ab und zu war es ihr möglich, irgendwelche Nachrichten aufzuschnappen. Es war offensichtlich, daß der Krieg für Deutschland nicht gut stand, aber das reichte nicht aus, um uns aufzuheitern. Wir erfuhren – ich weiß nicht, woher –, daß man Lager in die Luft gesprengt hatte, bevor sie befreit werden konnten. Nicht erstaunlich ... wer will sich schon mit Millionen von stinkenden, verwesenden Leichen erwischen lassen. So wagten wir nicht, wirklich auf Befreiung zu hoffen. Doch es war schwer, sich damit abzufinden, daß man *so* lange am Leben geblieben war, um doch noch sterben zu müssen, bevor der Alptraum ein Ende hatte.

Es wurde schlimmer und schlimmer. Man machte einige schwache Versuche, die Leichen wegzubringen. Wir mußten sie durch die Lagerstraße schleppen. Es half nicht. Da waren zu viele Leichen, und wir waren zu schwach. Die Szene glich der Hölle ...

Eberhard Kolb schrieb: »Bei der hohen Sterblichkeit kamen jeden Tag Hunderte von Toten hinzu, so daß Anfang April Tausende von Körpern im Lagergelände umherlagen – grün und durch die Frühlingssonne aufgeschwollen, in allen Stadien der Dekomposition: ein grauenerregender Anblick (...) Als die Übergabe des Lagers an die anrückenden englischen Truppen von Himmler angeordnet worden war, unternahm die SS eine letzte Anstrengung, die Tausende von Leichen zu beseitigen. Vom 11.4. bis 14.4. wurden alle noch gehfähigen Häftlinge, auch wenn sie selbst schon wandelnden Leichen glichen, zum ›Leichentragen‹ eingesetzt (...) In langem Zug schleppten sich die Häftlinge hin, eine Gruppe hinter der anderen, je vier zogen eine Leiche an einem Lappen oder dergleichen, den sie an Hand- oder Fußgelenk befestigt hatten.«

Es gab nichts mehr zu essen. Ich habe Erinnerungen an einen Mann, der auf den Knien lag – zur Strafe –, mit einem menschlichen Ohr im Mund. Kannibalismus hatte begonnen. Eigenartigerweise nur unter Männern. Aber ich glaube nicht, daß das mehr als Einzelfälle waren.

Jeder Tag, den wir noch erlebten, schien uns ein Wunder. Man muß in Belsen gewesen sein, um zu wissen, *wie* es war. Ich bin öfters gefragt worden: »*Wie* ist es möglich, daß man das Lager überlebt hat?« So eine Frage klingt immer wie ein Vorwurf, als ob »Überleben« irgendwie verdächtig wäre und nur durch unmoralische Mittel hätte erreicht werden können, etwa Kollaboration mit den Deutschen. Oder daß man zum Überleben irgendwelche speziellen körperlichen oder seelischen Kräfte gehabt haben müßte. Solche Fragen machen mich sehr traurig. Die einfache Antwort ist: Die Chance, das Ende des Krieges zu erleben, wenn man Häftling von Auschwitz, Belsen oder jedem anderen KZ war, war minimal. Wenn man dennoch überlebte und den Tag der Befreiung sah, hat man ganz einfach Glück gehabt. Man war ein Überlebender, mit all dem, was in diesem kleinen Wort enthalten ist.

Der Name Irma Grese ist womöglich nicht ganz unbekannt. Sie war eine Aufseherin. Ich kannte sie noch aus Auschwitz. Jetzt tauchte sie in Belsen auf. Sie war immer von einem Hund begleitet und trug eine Reitpeitsche. Diese Irma Grese kam eines Tages zu mir und fing eine »freundliche Unterhaltung« mit mir an. Ich konnte es nicht fassen: Das gab es doch einfach nicht. Ich erinnere mich nicht mehr an den genauen Inhalt der Unterhaltung, aber das Frappierende war, daß sie das Wort »wir« benutzte, als ob wir zu der gleichen Gattung gehörten! »*Wir* können ja jetzt bald nach Hause.«

Es war nicht zu glauben. Dafür gab es nur eine Erklärung: Das Ende war nah. Irma Grese hatte Angst, und sie versuchte sich bei mir einzuschmeicheln. Bei dem Lüneburger Prozeß weckte sie besonderes Interesse, denn sie sah einigermaßen gut aus – so meinte man jedenfalls in den britischen Zeitungen. Auf alle Fälle schenkte man ihr mehr Aufmerksamkeit als den anderen häßlichen Bestien.

In Wirklichkeit war sie genauso gemein wie die anderen. Sie wurde zum Tode verurteilt und gehängt.

Mehr und mehr Menschen – wenn man sie überhaupt noch »Menschen« nennen konnte – strömten ins Lager. Die Tage vergingen, wir bekamen weder zu essen noch zu trinken. Es wurde später entdeckt, daß es durchaus möglich gewesen wäre, uns das Leben zumindest in dieser Hinsicht ein wenig zu erleichtern. Eberhard Kolb schreibt: »An die neu ankommenden Transporte aus anderen KL ließ Kramer drei Tage lang kein Brot ausgeben (...) Seit dem 15.3.1945 gab es kein Brot mehr, aber im Magazin befanden sich 1700 Büchsen Ovomaltine, die von jüdischen Organisationen durch das Rote Kreuz nach BB geschickt worden waren (...) Im März kamen 500 wollene Decken im Lager an (...), aber die Decken bekam man nie zu sehen (...) Hunderte von Rotkreuz-Paketen wurden erst am Tag vor der Ankunft der Engländer ausgegeben, die zurückgehaltenen Rotkreuzsendungen an Büchsenmilch, Fleisch und Keksen füllten einen Raum von vier Meter Länge, fünf Meter Breite und drei Meter Höhe bis unter die Decke. Während den Häftlingsärzten fast gar keine Medikamente zur Verfügung gestellt wurden, fand man nach der Übergabe des Lagers beträchtliche Bestände an Medikamenten in der Lagerapotheke vor.«

Diese Medikamente wurden nach der Befreiung von den Engländern benutzt, um uns zu helfen. Außerdem stellte sich heraus, daß es zwei Kilometer entfernt ein riesiges Lebensmittelmagazin gab und eine intakte Brotbäckerei.

Wir wußten nur eines: so oder so – das Ende war nahe. Es war klar, daß wir ohne Essen und Wasser nicht mehr lange überleben konnten; und wir waren sicher, daß die Deutschen nicht die Spuren ihrer Untaten zurücklassen wollten. Es wurde ein Wettlauf. Aber wer würde zuerst ankommen?

Es war uns bewußt, daß ungewöhnliche Dinge vor sich gingen. Immer seltener sahen wir SS-Personal. Wir saßen da und warteten auf das Ende ... verlassen und dem Schicksal ausgeliefert. Eigentlich hätten wir bei dem Gedanken, daß die Freiheit nahe zu sein schien, froh oder wenigstens optimistisch sein sollen. Wir waren es aber nicht. Ich erinnere mich, daß ich meistens wütend und böse war. Wir hatten so lange ausgehalten und soviel gelitten ... und dann sollte man noch von den Deutschen in die Luft gesprengt werden. Wahrscheinlich hat uns die Abwesenheit der SS nur mißtrauischer gemacht. Wir waren überzeugt, daß das nichts Gutes versprach.

Jemand wagte zu sagen, daß das ständige dumpfe Geräusch in der Ferne und die Schießerei ... vielleicht, aber wirklich nur vielleicht von englischen Panzern stammen könnten, die sich dem Lager näherten. Ich war wütend. Man hat so viele Jahre damit verbracht, sich mit dem Tod abzufinden, und gleichzeitig so verzweifelt versucht, am Leben zu bleiben ... ich konnte nicht ertragen, mir falsche Hoffnungen zu machen. Sie konnten ja jeden Moment zunichte gemacht werden.

Als die erste Ansage durch den Lautsprecher kam und ich den ersten englischen Panzer mit eigenen Augen sah, weigerte ich mich immer noch, es zu glauben.

DIE BEFREIUNG

Renate schrieb für eine Fernsehsendung den folgenden Bericht:

Der Monat April 1945 war ungewöhnlich heiß. Daran erinnere ich mich sehr genau: an die drückende Hitze in der Lüneburger Heide und den süßlichen Gestank von Tausenden verwesender Leichen, die unordentlich aufeinandergestapelt herumlagen. Ich brauche nur die Augen zu schließen, und auch jetzt, nach 50 Jahren, steigt mir der widerliche Gestank in die Nase.

An viele Dinge, die am 15. April geschahen, kann ich mich heute nur ungenau entsinnen, aber die kleinen Einzelheiten sind mir noch präsent: Am Morgen hatte ich meine kranke Schwester Anita der Obhut einer Freundin anvertraut, um irgendwie etwas Trinkwasser aufzutreiben. Seit Tagen gab es kein Brot mehr zu essen. Die Suppe, die manchmal verteilt wurde, war eine trübe Brühe, auf der Rübenschalen herumschwammen. Nur wer noch einigermaßen bei Kräften war, konnte eine kleine Schüssel davon ergattern. Man balgte sich bei der Essensverteilung um jeden Tropfen.

Ich fand einen rostigen Eimer und ging ans Lagertor. Der SS-Mann, sein Name ist mir unvergeßlich – er hieß Kasernitzki! –, stand Wache am Tor und versuchte nicht einmal, mich aufzuhalten, als ich zum einzigen noch funktionierenden Wasserhahn lief, der in der Nähe der Verwaltungsgebäude des Lagers war. Weit und breit war kein Mensch zu sehen. Das deutsche Wachpersonal war dort verschwunden. Keiner hielt mich an. Ich füllte meinen Eimer und ging durchs Tor ins Lager zurück, als eine Horde von halb verdursteten Häftlingen sich auf mich stürzte, um mir den Eimer wegzureißen. Er kippte um, und das kostbare Wasser versickerte im Staub der Lagerstraße. Ich kehrte mit leeren Händen in die Baracke zurück.

Ich half meiner Schwester, von ihrer Schlafpritsche herunterzusteigen, und führte sie ins Freie. Dort setzten wir uns auf die Erde und lehnten uns an die Barackenwand – vor uns und hinter uns lagen Leichen.

Einige Tage zuvor hatte die SS ein Kommando von einigen Häftlingen zusammengetrommelt, die noch aufrecht stehen konnten. Wir sollten die Leichen in große Gruben schleppen. Man hatte uns Bindfaden gegeben, mit denen wir die Arme der Toten zusammenbinden sollten, um sie dann quer durchs Lager in die Grube zu zerren. Doch dieses Unterfangen wurde bald aufgegeben. Wir waren zu schwach und konnten an einem Tag nie mehr als etwa fünfzig Leichen wegbringen.

Es war Mittag geworden. Seit Tagen hörten wir das leise Rumpeln von schweren Geschützen, doch wir hatten keine Ahnung, was draußen, jenseits des Lagers, vor sich ging. Wer schoß? Waren es die Deutschen, waren es die Alliierten?

Inzwischen war das leise Rumoren einem unverkennbaren Geräusch gewichen – dem Rasseln von Panzerketten. Im Lager war es totenstill geworden – und in diese Stille drang auf einmal eine englische Stimme: »This is the British Army. Please remain calm. We have come to liberate you. Don't leave the camp and don't worry. You are free.« Und dann rollten die ersten Tanks ins Lager. Wir schauten stumm auf unsere Befreier. Zum Jubeln hatten wir keine Kraft. Es war vier Uhr nachmittags an diesem sonnigen 15. April des Jahres 1945.

Renate Lasker Harpprecht

Ich würde einiges darum geben, wenn ich wenigstens eine blasse Vorstellung davon vermitteln könne, wie es sich anfühlte, befreit zu werden ...

Jahrelang waren wir durch alle Extreme von Emotionen gezerrt worden: Elend, Entbehrungen, Verzweiflung, Angst, Hunger, Haß. Es gibt eine Grenze, mit wieviel man fertig werden kann. Wir waren vollständig betäubt. Unsere Erlebnisse und Erfahrungen lagen außerhalb dessen, was normalerweise einem Menschen im Laufe einer langen Lebensspanne zugemutet wird.

Plötzlich war das alles zu Ende. Wir waren *befreit*. Seit Jahren hatten wir für den Augenblick gelebt ... wenn man Glück hatte, für den nächsten Tag ... Plötzlich gab es Raum um uns herum. Es war schwer zu fassen. Ich war neunzehn Jahre alt und fühlte mich wie neunzig.

Ich bezweifle, daß jemals etwas diesem Gefühl von Erlösung, Dankbarkeit und Skepsis gleichkommen kann, das langsam, langsam in unser Bewußtsein drang, als wir schließlich begriffen, daß es Wirklichkeit war: Wir waren am Leben ... und die Soldaten, die im Lager herumliefen, waren nicht unsere Feinde.

Wir sahen das Lager mit anderen Augen als unsere Befreier. Wir hatten so lange von Dreck und Tod umgeben gelebt, daß wir es kaum noch bemerkten. Die Haufen von Leichen in ihren verschiedenen Stadien der Verwesung waren etwas so Alltägliches, sie gehörten sozusagen zur Landschaft. Wir bemerkten den entsetzlichen Gestank nicht. Wir waren daran gewöhnt.

Es wäre falsch, zu glauben, daß alles sofort anders wurde, nachdem der erste englische Panzer ins Lager gerollt war.

Was die Engländer in Belsen vorfanden, hatte nichts mit dem zu tun, was einer Armee – sogar im Krieg – zugemutet wird.

In meinem Archiv bewahre ich eine Anzahl von Berichten auf, die damals von britischen Soldaten geschrieben wurden. Ich nahm sie aus dem Büro in Belsen mit, in dem ich später als Dolmetscherin arbeitete. Hier die Übersetzungen einiger Ausschnitte:

»Am 12. April 45, nach dem Durchbruch der Zweiten Armee und der Überquerung des Rheins, wandte sich der Kommandant von Bergen Belsen an das 8. Corps mit der Absicht, einen Waffenstillstand auszuhandeln, um Kämpfe in der Umgebung des Konzentrationslagers zu vermeiden. Die Gegend war besetzt von 800 Wehrmachtsoldaten, 1.500 ungarischen Soldaten mit ihren Familien und einigen SS-Aufsehern. Im Lager sollten sich 45–55.000 Gefangene befinden, von denen eine große Anzahl an Typhus sowie Tuberkulose und Gastroenteritis erkrankt war. Die Wasser- und Stromversorgung war zusammengebrochen, es gab kein Brot und kaum etwas zu essen (...) Im Interesse unserer Soldaten und der Lagerinsassen und um eine Ausbreitung der Seuchen zu verhindern, wurde einem Waffenstillstand unter folgenden Bedingungen zugestimmt:

Die deutsche Armee sollte an allen Zugangsstraßen weiße Flaggen und Schilder mit der Aufschrift *Typhusgefahr* anbringen (...) Deutsche und ungarische Truppen sollten auf ihren Posten bleiben und weiße Armbinden am linken Arm tragen (...) Die Ungarn sollten bis auf weiteres der Britischen Armee zu Verfügung stehen, um diverse Aufgaben zu erfüllen. Die Wehrmacht sollte binnen sechs Tagen mit ihren Waffen und Fahrzeugen zu ihren Kampflinien zurückgeschickt werden. Das SS-Personal sollte auf seinem Posten bleiben und weiterhin seine Pflichten erfüllen (...)«

Im Rückblick klingt dieser Waffenstillstand naiv, aber man muß bedenken, daß die ersten Panzer erst *drei Tage* nach dieser Vereinbarung ins Lager rollten, und niemand konnte voraussehen, welche Hölle sie dort vorfänden.

Hier ist ein weiterer Abschnitt eines solchen Berichtes, der einige Zeit später entstand:

»Die erste Britische Panzereinheit, die in Bergen-Belsen eintraf, war die Panzerabwehr des 63. Panzerabwehrregiments (...) Der Anblick, der sich den Ankommenden bot, ist unbeschreiblich. Es waren ungefähr 50.000 Menschen im Lager, von denen ca. 10.000 tot in den Baracken oder im Lager herumlagen. Diejenigen, die noch lebten, hatten seit etwa sieben Tagen weder Essen noch Wasser bekommen – nach einer langen Periode des Hungerns. Neben anderen Krankheiten wütete der Typhus (...) Überall war Schmutz (...) die Luft war vergiftet.«

Wir, »auf der anderen Seite« sozusagen, waren uns nicht bewußt, *welchen* Schwierigkeiten die britische Armee gegenüberstand. Plötzlich mit Tausenden von toten und halbtoten Gefangenen fertig zu werden, hatte man die Soldaten in der militärischen Grundausbildung nicht gelehrt. Es wurden in diesen ersten Tagen nach der Befreiung viele Fehler gemacht. Natürlich mußte verhindert werden, daß wir das Lager verließen, damit die Seuchen, die unter uns wüteten, nicht weitergeschleppt würden.

Sehr bald nach den ersten Durchsagen über die Lautsprecher, daß wir befreit seien, daß wir Ruhe bewahren sollten, daß bald Hilfe dasein würde, verließen die Engländer das Lager. Der Grund dafür: sie versuchten von irgendwoher Hilfe herbeizuschaffen. Aber durch den plötzlichen Abzug der Briten entstand eine tragische Situation. Niemand kann mehr für das Chaos verantwortlich gemacht werden, das nach der Abfahrt der Panzer ausbrach. Die Lage in Belsen ergab sich aus einer Mischung von Hilflosigkeit, Unwissenheit und Konfusion. Wir wurden in der »Obhut« der Ungarn zurückgelassen, die die Wachttürme besetzten. Das waren die gleichen Ungarn, die auf deutscher Seite gekämpft hatten – eine äußerst schießfreudige Bande. Die Ungarn schossen wahllos ins Lager. Vermutlich hatten die Männer irrsinnige Angst vor dem, was ihnen passieren würde, wenn sie uns in die Hände fielen. Es herrschte ein völliges Chaos. Wie lange diese Situation anhielt, weiß ich nicht mehr. Bald kamen wieder Engländer ins Lager zurück, und jeder einzelne erschien in unseren Augen wie ein Gott.

Sie waren erschüttert von dem, was sie sahen. In ihrem guten Willen, uns so schnell wie möglich zu helfen, gaben sie uns zu essen. Ein großer und fataler Fehler. Niemand war mehr an Essen gewöhnt, schon gar nicht an Fleisch aus Dosen. Viele starben, weil sie sich nach den Wochen des Hungerns plötzlich auf die gute Nahrung stürzten.

Ich weiß nicht mehr, wie Renate und ich diese Gefahr vermieden haben, aber es gelang uns, und wir begannen langsam unsere neue Lage zu begreifen: Wir waren frei und brauchten keine Angst mehr um unser Leben zu haben.

Die chronologische Abfolge der Ereignisse in diesen ersten Tagen nach der Befreiung erinnere ich nicht mehr genau. Doch ich sehe sie in zwei Phasen: Die erste endete, als die Engländer mit den Flammenwerfern kamen, um das Lager abzubrennen. Bevor das möglich war, mußten die Leichen weggeräumt werden. Diesmal hatten das die SS-Leute zu tun, denen die Flucht nicht gelungen war. *Wir* waren die Zuschauer.

Mein Gott, es dauerte nicht lange, bis diese eleganten SS-Leute vollständig verwahrlost aussahen. Man fragt sich, was in ihren Köpfen wohl vorging, als sie beiseite räumen mußten, was ihr »Werk« war. Sie verluden Tausende von Leichen auf Lastwagen, standen dann auf ihnen und warfen sie in die Massengräber. Dantes Inferno.

Diese Massenbegräbnisse sind hinreichend in dem Film *A Painful Reminder* dokumentiert.

Für die Engländer war es nicht leicht, uns unter Kontrolle zu halten. Man wollte um jeden Preis private Racheakte und Lynchjustiz vermeiden. Wir konnten nicht wissen, was sich alles hinter den Kulissen abspielte. Es muß für die Briten eine kaum zu bewältigende Aufgabe gewesen sein, für die Überlebenden Waschgelegenheiten und saubere Kleidung zu finden, Plätze in Krankenhäusern, Ärzte, Medikamente – überhaupt irgendeine Art von Ordnung in dieses Chaos zu bringen. Wer waren eigentlich die Menschen, die überlebt haben? Es mußten Listen mit Namen und Nationalitäten angelegt werden. Die Engländer suchten verzweifelt nach Leuten, die Englisch sprachen. Renate hatte vor dem Krieg ein Pensionat in Florenz besucht, wo sie auch Englisch gelernt hatte. Nun hatte sie zum ersten Mal in ihrem Leben Gelegenheit, die Sprache zu benützen. Sie wurde bald offizielle Dolmetscherin.

Als wir so langsam begriffen, daß wir nicht träumten, daß wir tatsächlich am Leben waren und daß wir vielleicht mit einer »Zukunft« rechnen konnten, begannen wir daran zu denken, unsere Familie – oder was von ihr übrig war – wissen zu lassen, daß es uns noch gab. Aber wie macht man das ... mitten im Krieg? Es gab damals natürlich noch keine Postverbindung. Die Lösung dieses Problems fand sich rasch: Jemand kam gelaufen und sagte mir, ein Wagen der BBC fahre im Lager herum; die Reporter des britischen Rundfunks suchten Leute, die noch Angehörige hatten, denen sie eine Nachricht zukommen lassen wollten.

Ich sauste zum BBC-Wagen und traf Patrick Gordon Walker, den späteren Unterhausabgeordneten. Er war sehr nett und verständnisvoll. Es war nicht gerade leicht, da plötzlich ein Mikrophon vor sich zu haben und zu sprechen! Die Transkription dieser Sendung besitze ich noch. Der Text klingt ziemlich wirr, aber er tat seine Wirkung.

Die BBC wiederholte diese Sendung in regelmäßigen Abständen. Eines Tages hörte sie ein Nachbar meiner Schwester Marianne in England. Er benachrichtigte sie sofort. Marianne hörte dann selbst die Sendung. Was muß sie gefühlt haben, als sie meine Stimme hörte! Sie hatte längst nicht mehr geglaubt, daß wir noch am Leben sein könnten.

Ungefähr einen Monat später schrieben wir an unsere Schwester:

Belsen Camp, 25. Mai 45

Meine geliebte alte Marianne,
ich sitze im Büro und habe gerade nichts Besonderes zu tun, so werde ich Dir also – gegen mein eigentliches Vorhaben, erst eine Nachricht von Dir abzuwarten – ein paar Worte schreiben (...) Wir wohnen neuerdings in einem kleinen cottage. Extra prima. Wir haben upstairs zwei Zimmer, Radio und sehr hübsche Möbel, essen tun wir außerhalb. Gutes, viel zu gutes Essen. Renate muß bereits auf ihre Figur aufpassen. Mit einem Wort, wir freuen uns unseres Lebens. Dieses ist ganz wörtlich zu nehmen. Ich warte schon mit großer Ungeduld auf eine Nachricht von Dir und auf Fotos von der Familie. Mrs. Horwell schrieb, daß ich im Radio gesprochen habe, aber Du es leider nicht gehört hast, sondern Freunde Dir davon erzählten. Soviel ich weiß, ist diese Sendung schon drei Mal wiederholt worden. Vielleicht erwischst Du sie doch einmal. Bitte vergiß nicht, immer wenn Du Mrs. Horwell siehst, ihr unseren einfach unbeschreiblichen Dank für ihre Hilfe auszudrücken.

Schnell, schnell schreib uns einen Brief!!!!!!!!!!!!!!!!

Grüße alle, die von mir gegrüßt sein wollen, besonders Deinen Mann, den ich mit Gottes Hilfe bald bald bald persönlich kennenlernen werde. Wir küssen Dich tausend und abertausend Mal (...)

A. und R.

Die erste Antwort von Marianne erreichte uns dann dank der Britischen Armee. Wir schickten unsere Briefe durch Soldaten nach England, und sie ließen uns ihre Namen und Feldpostnummern für die Antworten benutzen.

Inzwischen »wohnten« wir ganz einfach in Belsen und fingen langsam an, unsere Beschäftigung mit dem Tod durch eine neue Dimension zu ersetzen: LEBEN.

Renate, die jetzt als Dolmetscherin arbeitete, sagte mir eines Tages, die Armee suche verzweifelt nach Leuten, die sich nützlich machen könnten. Ich meldete mich, für was auch immer man mich gebrauchen könnte. Sofort wurde auch ich der Britischen Armee als offizielle Dolmetscherin zugeteilt und bekam eine Armbinde mit »I« (für »Interpreter«). Vermutlich war ich die erste Dolmetscherin, die fast keine Ahnung von der Sprache hatte, in die sie übersetzen sollte! Meine Hauptbeschäftigung war es zunächst, verschiedene offizielle Berichte mit der Schreibmaschine abzuschreiben. Das war ein Witz, denn tippen konnte ich eigentlich auch nicht und kann es auch jetzt nur mit zwei Fingern, aber in einigermaßen annehmbarem Tempo.

Ich verstand kein Wort von dem, was ich da abschrieb, und las alles phonetisch. Da fast nur Englisch um mich herum gesprochen wurde, begann ich nach und nach zu verstehen, was gesagt wurde. Allmählich fing ich an, die Texte, die ich abschrieb, »auf englisch« zu lesen. Aber meine Situation war äußerst peinlich, denn nicht alle britischen Soldaten und Offiziere wußten, daß ich kein Englisch sprach. Da ich die Armbinde trug, rief man mich öfters, um dieses oder jenes zu übersetzen. Ich entwickelte mich zu einem Meister der Improvisation. Es half natürlich, daß ich Französisch sprach. Ich glaube nicht, daß ich zuviel Unheil angerichtet habe. Die Leute im Büro waren alle sehr nett und hilfsbereit. Viele wurden zu guten Freunden.

So verrückt dies auch klingen mag: Ich begann mich zu langweilen. Meine besten Freundinnen, Hélène Wiernik, Hélène Rounder, Violette Silberstein und all die anderen aus dem Lagerorchester, hatten Belsen verlassen. Sie hatten Länder, in die sie zurückkehren konnten: Belgien und Frankreich. Sie konnten »nach Hause« fahren. Sie wußten nicht, was und wen sie noch vorfinden würden, ob es ihre Familien noch gab, aber wenigstens konnten sie irgendwo hingehen und suchen. Das galt nicht für uns. Wir konnten Deutschland oder Breslau nicht mehr als unsere Heimat betrachten. Zudem war Breslau in russischer Hand.

Ich will hier wiedergeben, was ich erst kürzlich erfahren habe, und zwar durch Captain Arnold Horwell, der kurz nach der Befreiung nach Bergen-Belsen kam, selbst aus Deutschland stammte und unsere Lage gut verstand. Er erzählte mir, daß man einige Schwierigkeiten hatte, die englischen Offiziere, die sich mit der Repatriierung beschäftigten, davon zu überzeugen, daß es absolut unmöglich war, die Überlebenden nach ihren Nationalitäten aufzuteilen und ihnen dann in ihre »Heimat« zurückzuhelfen.

Für ein unbeschwertes englisches Gemüt war es gewiß nicht leicht, unsere Lage zu begreifen. Offiziere, deren Aufgabe es war, den Krieg zu gewinnen, sahen sich in Belsen mit einem verwirrenden Chaos konfrontiert. Wie sollten sie den Begriff DISPLACED PERSON verstehen? Für solche Dinge war die Armee nicht ausgebildet. Aber das war für uns genau das zutreffende Etikett: DISPLACED PERSON! *Wo* sollte man uns denn »plazieren«? Aus den Briefen, die ich nach der Befreiung an meine Schwester Marianne schrieb, wird deutlich, *wie* groß die Probleme waren, die sich später ergaben.

Am 21. Mai wurde die letzte Baracke – mit Hitlerbild und Hakenkreuzfahne »ausgeschmückt« – zeremoniell mit Flammenwerfern niedergebrannt. Wir standen alle dabei und sahen zu, wie die Flammen die Reste des Lagers verschluckten. Wir waren die letzten, die danach in ein früheres deutsches Militärlager transferiert wurden. Das lag ungefähr drei oder vier Kilometer vom KZ Belsen entfernt.

Wir waren eine kleine Gruppe von Dolmetscherinnen und wurden in einem Holzhaus untergebracht, das früher wohl von einem Gärtner bewohnt wurde. Ein hübsches kleines Haus, in dem es sich viel angenehmer lebte als in den Kasernengebäuden, in denen die anderen Überlebenden untergebracht waren.

Hier begann die zweite Phase unserer Existenz nach der Befreiung.

Als Dolmetscherinnen hatten wir ein angenehmes Leben. Wir waren der Armee angegliedert und genossen viele Privilegien. So hatten wir die Erlaubnis, zwischen sieben und acht Uhr morgens das Bad der Offiziere zu benutzen. Wir konnten ungehindert das Lager verlassen. Das mag eigenartig klingen: Schließlich waren wir ja »freie Menschen«. Die Wirklichkeit war noch weit von jeder Normalität entfernt. Zum Beispiel wurde damals, so kurz nach der Befreiung, sehr viel geplündert. Ich muß gestehen, daß ich selbst einmal auf so eine Plünderung mitgegangen bin und dieses Erlebnis alles andere als erhebend fand. Ich erinnere mich heute nicht mehr an die Einzelheiten oder mit wem ich dort war – aber wir befanden uns in einem Haus, das irgendwelchen Deutschen gehörte, und die Absicht war, sich einfach mitzunehmen was einem gefiel. Da war ein Kind in dem Haus, das mich mit völligem Unverständnis anblickte. Das reichte mir. Ein Dieb ist ein Dieb ... wie auch immer die Umstände. Ich verließ das Haus, ohne etwas anzurühren. Unsere Verluste sind durch *nichts* wiedergutzumachen – schon gar nicht durch Plündern.

Nach und nach entwickelte sich eine Art Routine in unserem täglichen Leben. Ich arbeitete im Büro, mein Englisch verbesserte sich, und ich hatte einige sehr gute Freunde unter meinen Befreiern. Ich erinnere mich mit besonderer Zuneigung an Chris Warner, der sehr um unsere Sicherheit besorgt war. Er brachte ein starkes Schloß an unserem Dolmetscherhaus an. Er war es auch, der mir einen grauen Armee-Schreibmaschinenkasten zum Geburtstag schenkte. Er malte meine Initialen darauf. Der Kasten sollte meine »Besitztümer« beherbergen. Er war mein Koffer, als ich schließlich nach England fuhr. Ich habe ihn noch heute. Jetzt enthält er alte Konzertprogramme und Briefe. In diesem Kasten fand ich die Briefe meiner Eltern sowie meine eigenen und Renates.

Nach der Befreiung schrieben Renate und ich zahlreiche Briefe an meine Schwester Marianne und die Verwandten in London. Sie geben einen Einblick in unsere Lage als displaced persons:

26. Mai 1945

Meine geliebte Marianne,

es ist schwer, sehr schwer, seinem Elend und Unglück gewachsen zu sein, aber es scheint mir jetzt fast schwerer, seinem Glück gewachsen zu sein. Heute bekamen wir Deinen ersten handschriftlichen Brief (vom 15.5. durch Mr. E. Johnson). Ich lese den Brief immer wieder und wieder und kann Dir nicht beschreiben, wie glücklich wir sind. Glück ist viel zuwenig gesagt. Ich könnte jedem x-beliebigen etwas Irrsinniges zurufen. Du fragst, was wir am nötigsten brauchen. Marianne, wir haben nur eine Bitte an Dich, bitte schick uns Fotos: von Dir, von Deinem Mann und bitte, wenn möglich, von den Eltern und von zu Hause; und dann würde uns auch ein Lexikon von großem Nutzen sein. Sonst brauchen wir nichts. Essen haben wir massenhaft genug und ebenfalls Zigaretten. We have army rations. Und die Kleiderfrage, die eigentlich keine Frage ist für uns, die gewöhnt sind, nur das zu haben, was wir am Leibe tragen, wird sich von hier aus regeln. Aber das alles sind keine Fragen. Für uns gibt es nur eines: unsere gute alte Marianne lebt und ist gesund (...) Ich danke von ganzem Herzen allen Deinen Freunden, nur dafür, daß sie Deine und unsere Freunde sind und daß sie versuchen wollen, das ganz Unheimliche, für uns einfach Unvorstellbare zu erreichen. Du weißt, was ich meine. Und Geduld haben wir. Wir haben es ja gelernt (...) Ich bin müde, ich gehe jetzt ins Bett. Es ist gemütlich bei uns. Radio, warmes Licht und ein sauberes Bett. Ganz unbegreiflich kostbare Dinge.

Gute Nacht (...) Grüße alle und nimm meine ganze Liebe.
Deine A.

An unsere Verwandten in London schrieb ich:

Belsen, 26.5.45

Meine Geliebten,

ich weiß nicht, ob Euch schon eine unserer vielen Nachrichten erreicht hat, und so versuche ich es heute noch einmal auf diesem Wege. Wir sind am 15. April aus höchster Not von englischen Truppen befreit worden, sind gesund und glücklich. Es geht uns momentan sehr gut; wir arbeiten als Dolmetscherinnen bei der brit. Army. Alles, was Ihr in Zeitungen und Filmen von Konzentrationslagern nur hört, alles alles könnt Ihr ruhig glauben. Das, was wie Übertreibung und Propaganda klingen mag, ist noch weit weit von der eigentlichen Wahrheit entfernt. Ich hoffe, daß bei Euch alles beim alten ist, daß Ihr gesund seid und uns noch nicht ganz vergessen habt. Von unserer Schwester Marianne hatten wir Nachricht, und es ist uns nicht möglich, Euch unser Glücksgefühl zu beschreiben, daß wir sie wiedergefunden haben. Die letzten Reste der Familie Lasker, denn unsere Eltern haben diese grausamen Jahre nicht überleben können. M. schrieb uns, daß sie viele gute Bekannte hat, die alles für uns tun werden, und wir bitten Euch, Renate und mich nicht zu vergessen (...)

Eure Anita

Belsen Camp, 2. Juni 1945

Geliebte Marianne,

ich nütze die Gelegenheit aus, Dir einen direkten Gruß zu schicken. Ich erfahre eben, daß der Überbringer dieses Briefes morgen on leave geht. Nimm also auf diesem Wege nochmals tausend tausend Küsse. Ich, bzw. wir sind schrecklich ungeduldig, von Dir zu hören und zu sehen. Ich schreibe Dir nochmals die Adresse, die Du jetzt benutzen sollst: 13070559 Cpl. Smith A.G., H.Q. 35 Group Pioneer Corps, B.L.A. Außerdem bitte ich Dich auch einmal, aber nur einmal, versuchsweise an folgende Adresse zu schreiben: Anita Lasker Interpreter attached to No. 1 War Crimes Investigation Team, Belsen Camp. Aber nur einmal versuchsweise. Bitte schreib schnell, ganz schnell. Wir können es kaum mehr aushalten vor Ungeduld. Wenn wir erst Deinen ersten persönlich an uns gerichteten Brief bekommen werden, werde ich Dir auch ganz anders schreiben können. Und bitte bitte Fotos. Von Dir, den Eltern zu Hause (...) Bei dem herrlichen Wetter, das jetzt ist, können wir es noch weniger glauben und fassen, daß wir wirklich leben.

Unsere ganze Liebe, Deine A.

Alle unsere Gedanken hatten damals nur ein Ziel: nach England gehen zu können, um unsere Schwester wiederzusehen. Das klingt in dem PS des folgenden Briefs an. Doch davon konnte vorerst nur verschlüsselt die Rede sein.

Belsen Camp, 4.6.1945

Geliebte Marianne,

immer noch ohne direkte Nachricht von Dir. Bisher hatten wir nur als handschriftliches Zeichen Deinen Brief über Cpl. E. Johnston von Dir. Ich will ja nicht unbescheiden sein, aber da ich weiß, daß Du nun schon unsere Bilder haben mußt und doch auch sicher gleich geantwortet hast, bin ich sehr traurig und beunruhigt, daß ich noch keinen Brief habe. Es kommt sicher nur, weil Lt. Horwells Adresse durch seine plötzliche Urlaubsreise ungültig geworden ist. Und ich nehme an, daß Du bisher noch an seine Adresse geschrieben hast, und wer weiß, wo diese Briefe herumschwirren (...) Ich bin allein zu Hause, es ist 8 Uhr abends, im Radio spielt man das Bruch Violin-Konzert. Es ist wunderbares Wetter, und ich finde, daß das Leben schön ist. Vielleicht vielleicht vielleicht, wenn der Himmel mir günstig gestimmt ist, werde ich in absehbarer Zeit im Besitze eines C-E-L-L-O-S sein. Ich kann es kaum noch erwarten. Morgen ist ein trauriger Tag für uns. Du kennst jetzt schon von den Photographien die kleine rundliche Französin Hélène. Ich war mit ihr meine ganze KZ Zeit zusammen und sehr gut befreundet. Und wenn man Monate, fast jahrelang im selben Dreck gelegen hat und jedes Stück Brot und jede Zigarette geteilt hat, so ist das eine ganz besondere Art

Freundschaft. Ja, diese Hélène fährt morgen früh per Flugzeug nach Paris zurück, wo sie hofft ihre Schwester wiederzufinden (...) Sie wird ein großes Loch zurücklassen (...)

SCHREIB!!!

Tausend Küsse (...) A.

PS: Du wirst in nächster Zeit Besuch von einer gewissen Lady Montgomery bekommen (...) bitte habt vollstes Vertrauen zu ihr. Sprecht mit ihr über alle Pläne uns betreffend. Sie hat hier ein ziemlich großes Wort zu sagen und kann uns, glaube ich, in gewisser Beziehung helfen. Außerdem ist sie, was man eine entzückende Dame nennt.

Belsen Camp, 6th June

Geliebte Marianne,

ich bin sehr glücklich, denn durch den Überbringer dieses Briefes, den ich in ziemlicher Nervosität schreibe, wirst Du ganz persönlichen Bericht haben. Er wird Dir erzählen, was ich bisher noch nicht geschrieben habe, da man manche Dinge nicht gut schreiben kann. Dieser Herr wird nach seinem Urlaub wieder zurückkommen, und ich hoffe, daß er auch von Dir ganz persönliche Nachricht bringen wird. Vielleicht kannst Du ihm auch Photographien mitgeben. Diese werden mich nun ganz todsicher erreichen. Jeder Tag beginnt mit neuen Hoffnungen für uns. Heute werden wir Post von Dir haben, und jeden Abend blicken wir auf einen postlosen Tag zurück. Wir sind schon wirklich sehr sehr traurig. Renate übersetzt gerade »Feueranordnungen für das Lager« ins Deutsche, aber sie wird ihre Arbeit einen Moment unterbrechen und Dir auch schreiben. Sie ist schon ganz böse, daß ich immer schreibe. Hoffentlich werden wir jetzt wirklich endlich von Dir hören. Bitte excuse that I write such a stupid letter without any sense, but I am so nervous this morning that I am not able to write another letter. You must understand that it is quite difficult for us to write something reasonable, because there are plenty of new things coming in our mind, and if even we have a quiet hour, we must take all our strength together to be quiet ourself. I am afraid you may not understand my »English«, but I hope later on I'll be able to write properly in English (...) I kiss you a thousand times. Mit Gottes Hilfe auf ein baldiges Zusammensein?

Ganz, Deine A.

Belsen Camp, 8th June

DIES IST EIN FAMILIENBRIEF

Meine Geliebten (...)
das war nun fast zu viel heute: binnen einer halben Stunde erhielt ich zwei Briefe, den einen von dem komischen Rabbiner nebst Bildern, kaum komme ich aus seinem Büro heraus und gehe in das meinige, liegt dort auch schon der andere Brief, der über Cpl. Smith, und gestern mittag bekamen wir den über Sgt. C. C. Warner. Von den beiden neuesten weiß Renate noch gar nichts, denn sie ist heute den ganzen Tag als Interpreter mit dem Auto aus. Es ist fast unmöglich für mich, die ganze Freude allein zu tragen. Zum Glück sind da noch viele gute Freunde, die sich mit mir freuen und voll Interesse auf die Bilder gucken. Aber wer kann denn begreifen, was es für uns heißt, Euch alle so zu sehen, so glücklich, und wenn das vielleicht nicht der passende Ausdruck ist, dann möchte ich sagen, so unbefleckt von dem abgrundtiefen Schmutz der letzten drei Jahre? (...) Ich bin ganz gerührt von Eurer lieben Fürsorge. Als ich den Brief gelesen habe, ist es mir heiß und kalt über den Rücken gelaufen. Ich kann mich nur langsam daran gewöhnen, daß wir noch so liebe Menschen besitzen, wie Ihr seid. Ich bitte nur um eines, schickt uns KEINE Kleidungsstücke!!! Wir brauchen sie nicht. Wir bekommen alles. Wir sind gerade dabei, von Kopf bis Fuß eingekleidet zu werden. Einer der hiesigen Offiziere hat sich diese höchst nutzbringende Beschäftigung zu seinem Privatvergnügen ausersehen, und es fällt ihm weiter nicht schwer, da er in charge of stores ist. Wir haben Strümpfe bekommen, in dieser Woche wird für jeden von uns ein Rock mit kurzer Jacke fertig. Blusen haben wir und werden noch mehr bekommen. Ich persönlich spaziere vorzugsweise in dunkelblauen langen Hosen herum und vertrete den Standpunkt, je weniger

man besitzt, desto besser und wohler fühlt man sich (...) Nur eine Bitte haben wir, so komisch das klingen mag im Zusammenhang mit dem Wort ›Belsen‹ – es wird hier in den nächsten Tagen ein swimming pool eröffnet werden, und wir würden gerne jede einen Badeanzug haben, und wenn es nicht zu viel Umstände macht, wir haben beide Schuhgröße 39, und würden beide ganz gerne ein Paar leichte Sandalen mit flachem Absatz haben. Aber bitte keine Umstände machen. Sonst brauchen wir momentan nichts. Wir warten schon mit Ungeduld auf die Lexika (...) Und Marianne, wenn Du irgend kannst, schicke Noten. Um Dir einen Anhaltspunkt zu geben: Joseph Merk Etuden für Violoncello, Bach Solo-Suiten für Violoncello, Sevcik-Bogenstrich-Übungen. Das wäre das most urgently. Das heißt, noch mehr urgently wäre ein Cello, aber da ich hier schon so ziemlich allen hohen Viechern die Hölle heiß gemacht habe, wird es vielleicht mit den Noten zugleich eintreffen (...) Es ist 12 Uhr nachts mittlerweile, um meine Nachttischlampe fliegen gräßliche Insekten, Renate quäkt, ich soll das Licht auslöschen. Ich bin müde, und so tue ich's denn auch. Fortsetzung morgen früh.

Sonnabend früh: (...) zwei Fragen: Woher wußte Harry [Harry Goldschmidt, ein Cousin aus Basel] vor einigen Monaten von unserer Existenz? (...) Das ist uns beiden ganz schleierhaft (...) Es ist unser großer, ganz großer Wunsch, daß wir uns erst einmal in England wiedertreffen. [Marianne bereitete sich auf die Auswanderung nach Palästina vor.] Ja, dieses ist mein wirklich Großer Wunsch. Wie immer wir auch dahinkommen mögen. Über die Schweiz oder direkt. Und ich wünsche mir sehr, Dich, Marianne, noch in England anzutreffen. Das soll nicht heißen, daß ich Palestina gestrichen habe (...) Ich habe gelernt, daß man dem Schicksal vergebens entgegenarbeitet (...) Belsen Camp ist eben Belsen Camp, und so unbeschreiblich sorglos und glücklich unser Leben im Moment ist, so ist das doch nur ein Übergangsstadium, und wie sehr ich mir wünsche, daß dieses Stadium nach England übergeht, könntet Ihr fühlen, wenn Ihr hören könntet, wie sehr mein Herz klopft, während ich dieses schreibe. Marianne, Du hast mich richtig verstanden. Ich habe Palestina nicht abgelehnt!!!!!

Nur bitte bitte das Sprungbrett unseres Lebens möge England sein. Bitte, Marianne, lauf uns nicht weg, bevor wir hinkommen. Du sagst, daß wir noch Geld von den Eltern haben. Ich weiß im Moment nicht, von welchem Geld Du sprichst, aber das eine weiß ich, daß Graf Künigl unsere ganzen Koffer, unseren Flügel und acht Meter Lift [Transportkisten] in Ungarn auf dem Speicher hat und daß er, glaube ich, auch sonst große Verpflichtungen gegen Vati, bzw. uns jetzt hat (...) Er hat sich bis zum letzten Moment hochanständig benommen. Als die Eltern verhaftet wurden, kam er sofort per Eilpost nach Breslau, wo er alles eingesetzt hat, um die Evakuierung zu verhindern. Daß es ihm damals nicht gelang, war Schuld des Dir wohl auch noch vertraut klingenden Namen des Herrn Fey. Aber wie es auch war, wäre es damals zu verhüten gewesen, wären wir alle doch im März darauffolgenden Jahres mit den letzten Juden Breslaus nach Auschwitz gebracht worden, und in diesem Falle würden wir jetzt nicht in der glücklichen Lage sein, korrespondieren zu können (...) Renate ist schon wieder ausgefahren. Diesmal nach Hannover. Ich selbst war auch schon dort, und einmal sogar in Hamburg. Ich kann keinerlei Satisfaction bei dem Anblick dieser Verwüstung empfinden. So wie ich das deutsche Volk hasse, ja, AUSNAHMSLOS hasse, wenn Ihr nur irgend begreifen könnt, was hassen heißt. Es geht so weit, daß ich (und in meiner Eigenschaft als Dolmetscherin passiert mir das öfter), wenn ich mit ihnen zu sprechen habe, mich umdrehen muß, um ihnen nicht ins Gesicht zu schlagen. Jedem einzelnen, auch die mir persönlich nichts getan haben und die von dem Greuel der Konzentrationslager nichts gewußt haben. Ich wünsche mir nur, einmal im Leben so lieben zu können, so wie ich jetzt hassen kann. Ja, ich ging von Hamburg aus. Die Vernichtung (es ist Tatsache, ich bin Augenzeuge, daß in Hamburg kaum ein ganzes Haus steht) der Städte Deutschlands ist ein Glied in der Kette der Vernichtung. Der Vernichtung wertvollen Gutes. Ohne Sinn, ohne Sinn. Am 8. Mai, eine Minute nach Mitternacht, ist es verboten worden weiter zu vernichten. Und dieses Verbot hieß: FRIEDE. Als ich durch Hamburg fuhr, habe ich mich geschämt. Nicht für mich, nicht für Deutschland, denn ich fühle nicht mit

Deutschland, aber für die Menschen, für alle Menschen habe ich mich geschämt. Ich hoffe, was ich Euch schreibe, ist Euch nicht unverständlich (...)

A.

Renate schrieb am 9. Juni 1945:

Meine geliebte Marianne,

(...) als ich gestern nacht von einer anstrengenden Autofahrt zurückkam, hatte Anita eine dolle Überraschung für mich. 4 Briefe aus England!!! Und vor allem, die Bilder!!! (...) Wie glücklich bin ich über die Bilder von den Eltern!!! Wenn ich sie mir anschaue, dann kommt es mir so unbegreiflich vor, daß wir sie nun wirklich nie mehr wiedersehen werden. Ach, Marianne, manchmal ist es schrecklich schwer (...) Glaubst Du wirklich, daß wir bald zu Euch kommen können? Der Gedanke macht mich ganz verrückt (...) Vielleicht kannst Du mich verstehen, wenn ich Dir sage, daß die letzten drei Jahre alles, was ich an Energien hatte, aufgebraucht haben. Die Reaktion kommt jetzt nach. Nur einen Wunsch habe ich: Ruhe und Harmonie, und vielleicht hat das Schicksal nun endlich auch einmal etwas Gutes mit uns vor. Die Frage ob Palestina, darüber läßt sich schwer schreiben, und da wir gelernt haben, nicht allzuweit in die Zukunft zu gucken, beschäftigen wir uns zunächst einmal mit dem Gedanken unseres Wiedersehens in England. Aber da ich der Ansicht bin, daß es die Hauptsache ist, daß wir vor allen Dingen zusammenbleiben, und man sich überall da glücklich fühlen kann, wo man Freunde hat und wo gute Menschen um uns sind, so denke ich, daß das kein allzugroßes Problem sein wird (...) Ich weiß sehr wohl, daß man ›im freien Leben‹ nicht immer das tun kann, was man gerade will (...) Eines brauchen wir vor allem: Ruhe und Besinnung (...) Es kommt mir so seltsam und fast unglaublich vor, daß Ihr so gänzlich unbefleckt von dem ganzen Schmutz und Grauen dieser letzten Jahre dasteht (...) Wie schön hast Du über unsere geliebten Eltern geschrieben! (...)

Tausend innige Küsse, Deine Reh

Tage, Wochen und Monate vergingen, und unsere Sorge, *wohin* wir gehen und *wie* man es organisieren sollte, wurde von Tag zu Tag größer. Alle unsere Verwandten boten uns ein Heim an – aber wie sollte man diese Angebote in die Wirklichkeit umsetzen? Die Welt war ein Chaos. Jedes Land hatte seine eigenen Probleme. Wir mußten selbst versuchen (mit Hilfe der Verwandten und Freunde) ein Land zu finden, das bereit war, uns aufzunehmen. Mein Vetter Jack war Engländer. Er sowie meine Schwester Marianne und einige andere Leute stellten mehrere Anträge für unsere Einreiseerlaubnis beim Innenministerium in London. Die Anträge wurden abgelehnt. Die Behörde war auf Leute wie uns nicht eingestellt. Wir bildeten eine neue Menschengattung: DISPLACED PERSONS. Man wußte nicht recht, was mit uns anzufangen war. Wir brachten die Welt in Verlegenheit.

Zum Glück waren wir beschäftigt. Das lenkte uns von unserer grotesken Lage wenigstens etwas ab. Mein größter, ja geradezu überwältigender Wunsch – neben dem, eine neue Heimat zu finden – war es, ein CELLO zu besitzen. Ich wußte, daß einige Offiziere der Britischen Armee es sich zu einer ihrer Hauptaufgaben gemacht hatten, irgendwo ein Cello für mich aufzutreiben. Nur war das nicht gerade leicht. »Plündern« war nicht legal, und ich wollte auch keinesfalls, daß man einem Cellisten einfach sein Cello wegnahm, auch wenn er es etwa selbst gestohlen haben sollte. Ich möchte hier erwähnen, daß ich einst stolze Besitzerin eines wunderbaren Cellos war, das ich in Breslau zurücklassen mußte: ein Ventapane. Weiß Gott, wer jetzt darauf spielt.

Endlich wurde mein Traum Wirklichkeit. Capt. Powell, ein englischer Offizier in Belsen, der sich rührend um unser Wohlergehen kümmerte, entdeckte ein Cello. Es lag auf einem Schrank im Büro irgendeines Bürgermeisters und hatte keinen Besitzer. Ich fand es auf meinem Bett vor, als ich eines Tages in mein Zimmer kam.

Sonntag, 17. Juni, Belsen Camp

Meine geliebte Marianne,

(...) ich schreibe in aller Eile, denn ich bin in gräßlicher Aufregung. Ich komme heute mit Renate vom Frühstück zurück in unser Zimmer, und was sehe ich auf meinem Bett liegen? Ganz einfach auf meinem Bett liegen?? Du darfst 3x raten ....

Es ist wieder Sonntag. Der dritte Glückssonntag.

Der 1. war Befreiung, 15. April.

Der 2. war Dein erster Brief, 20. Mai

und der 3. ist heute: 17. Juni.

Hast Du es schon geraten?

ICH HABE EIN CELLO!!!

Der Spender ist dieses bereits von mir erwähnte hohe Tier. Er hat nur gewußt, daß ich Cello spiele, und heute hat er mir diese Überraschung gemacht. Ich bin einfach sprachlos. Er hat sämtliche nur vorhandenen Bürgermeister Hamburgs, Hannovers und anderer umliegender Städte rebellisch gemacht. Ja, daß ich ein Sonntags-Glückskind bin, ist wohl klar wie Kloßbrühe. Und obendrein ist es ein gutes Cello mit schönem Ton. Marianne, ich bin halb verrückt!!! Bitte schicke sobald als irgend irgend möglich SAITEN. A, D, G, C. Colophonium, ich glaube ›Rosin‹ heißt es auf englisch, und die von mir bereits gefragten Noten. Solltest Du vielleicht Saiten und Colophonium vor den Noten bekommen, schicke es bitte extra. Warte nicht, bis Du alles zusammen hast. Das Cello hat Saiten, aber stark ramponierte, und ich muß vorsichtig damit umgehen. Ich zapple vor Ungeduld. Mein Cello lacht mich aus der Ecke an. Meine steifen Finger brauchen notwendig Tonleitern. Also ran an den Speck (...) Schreib bald. Dank für alles (...)

Deine Anita

Ich war absolut sprachlos! Es war ein vorzeitiges Geburtstagsgeschenk. Anfangs war ich vollkommen frustriert, denn ich hatte kein Kolophonium, und es war unmöglich, auch nur irgendeinen Ton aus diesem Cello herauszuholen. Ich erinnere mich nicht mehr, wie diesem Übel Abhilfe geschaffen wurde, denn bald fing ich an, auf dem Cello herumzukratzen. Es sprach sich schnell im Lager herum, daß ich wieder als Cellistin fungierte. Natürlich war das weit von der Wahrheit entfernt, doch das spielte keine Rolle.

Renate schrieb an Marianne:

Belsen Camp 17.6.45

Geliebte Marianne,
eben bekamen wir Deinen Brief vom 12. Juni. Gerade beim Sonntagsfrühstück (...) Du fragst, wieso ich so wenig schreibe. Du mußt wissen, daß ich die Dolmetscherin des Staff Captain's bin, und wir fahren täglich nach Hamburg, Hannover und Magdeburg, um Sachen für das Lager abzuholen. Jeder Deutsche in diesem Distrikt muß eine Garnitur bester Kleidungsstücke abgeben, und wir holen dann die Sachen mit großen Lastwagen ab. So werden die Leute im Lager jetzt bald wieder menschlich angezogen sein. Es ist geradezu unwahrscheinlich, was in den letzten Monaten hier geleistet worden ist. Die Leute wohnen in wunderbaren Unterkünften mit modernsten sanitären Einrichtungen, haben sehr gutes Essen und werden ganz neu eingekleidet. Die Hälfte des Lagers ist eng eingezäunt, dort wo die Typhushospitäler sind, wo mehr als 12.000 Kranke liegen. Sie werden fabelhaft von englischen Red Cross nurses gepflegt, und sie kriegen Obst und Gemüse, haben Bücher zu lesen, und so verwandeln sie sich langsam vom Tier zum Menschen (...)

Re

Belsen Camp, 19.6.45

(...) vier Briefe gestern von Euch!!! Wahrhaftig ein Glückstag (...) Wir sehen die Menschen um uns herum, obwohl sie alle schrecklich nett zu uns sind, manchmal durch eine mitleidlose Brille, denn vor allem haben wir im KZ eins gelernt: Menschenkenntnis! Wir haben feststellen müssen, daß fast alle Menschen in der Stunde, wo sie sich bewähren müssen und zeigen, daß sie ›Menschen‹ sind, zu Tieren werden. Und jeden Menschen, den ich jetzt kennenlerne, sehe ich vor meinem geistigen Auge als KZ Häftling, und kaum einen sehe ich die Probe bestehen (...) Titel ist unvorstellbar glücklich mit ihrem Cello. Es ist ein sehr schönes Instrument, und sie spielt genauso schön wie früher. Unser Freund, der ihr das Cello gebracht hat, weidet sich ständig an ihrem strahlenden Gesicht. Ich hatte mir ganz fest vorgenommen, daß sie bis zu ihrem Geburtstag das Cello haben muß, und nun hat sie es schon einen Monat vorher (...) Ich muß jetzt schließen (...)

In innigster Liebe, Deine Reh

Damals hielt sich in Belsen eine Lady Montgomery auf, deren Aufgabe es war, sich um »Entertainment« zu kümmern. Eines Tages rief sie mich zu sich, denn sie hatte Pläne, Konzerte in Belsen und anderen befreiten Lagern zu organisieren. Sie hatte gehört, daß in einem benachbarten Lager unter den italienischen Kriegsgefangenen einige Musiker waren, und wollte, daß ich mit ihr hinfuhr, um uns darüber zu informieren. Wir trafen dort drei äußerst abgerissen aussehende italienische Soldaten. Einer von ihnen war Giuseppe Selmi. Wir fingen ein Gespräch an, auf französisch, denn das war die einzige Sprache, die wir gemeinsam hatten – und bald stellte sich heraus, daß Selmi vor dem Krieg Solocellist bei Radio Rom war. Die beiden anderen waren ein Sänger und ein Pianist. Mit Improvisationstalent und einer beträchtlichen Portion guten Willens wurden wir ein »Ensemble« und »konzertierten«, wo immer in der ganzen Umgebung ein befreites Gefangenenlager war. Eva Steiner, eine sehr gute Sängerin aus Ungarn, die mit mir in der Auschwitz-Kapelle war, schloß sich uns an. Die Mittel, die uns zur Verfügung standen, waren jämmerlich unzureichend. Nur war damals eben das Niveau ein ganz anderes, und wir hatten riesigen Spaß bei diesen »Konzertreisen«.

Selmi – oder Beppino, wie man ihn nannte – wurde mir ein guter Freund. Er war sehr nett und gab mir Cellostunden. Endlich hatte ich einen Lehrer – ich, eine Studentin, die niemals wirklich Gelegenheit zum Studium gehabt hatte. Noch heute besitze ich Programme von diesen Konzerten. Das Cello, auf dem Selmi spielte, war noch minderwertiger als das meine, und das will wirklich etwas heißen. Natürlich war mein Cello längst nicht so gut, wie es mir damals erschien. Es kam mir wie ein Wunder vor, überhaupt ein Instrument zu haben. In Wirklichkeit war es eine Jammerkiste, und als ich damit schließlich nach England kam und meine erste richtige

Cellostunde bei William Pleeth hatte, verschaffte er mir als erstes ein besseres Instrument, denn er fand meines absolut unbrauchbar. Aber wie gesagt: die Maßstäbe waren damals andere. Mein Cello war relativ weniger schrecklich als das von Selmi, und wenn er seine Soli spielte, gab ich ihm immer mein Cello. Eines unserer Paradestücke waren Bach-Sonaten, arrangiert für zwei Cellos.

Den italienischen Kollegen unserer Truppe ging es materiell bei weitem nicht so gut wie uns Ex-Belsen-Leuten. Tatsächlich fehlte es Selmi an allem. Er besaß nur das, was er am Leibe trug, nämlich seine äußerst zerlumpte Uniform. Man darf nicht vergessen, daß die Italiener im Krieg die Fronten gewechselt haben. Zuerst kämpften sie *mit* den Deutschen und später mit den Allierten *gegen* die Deutschen. Als dann die Kriegsgefangenenlager befreit wurden, bekamen sie nicht die gleiche Hilfe wie wir, doch waren sie auch nicht auf den gleichen Tiefpunkt gesunken wie wir. Verglichen mit Selmi, war ich ausgesprochen »wohlhabend« und in der glücklichen Lage, ihm solche Luxusartikel wie Socken und Unterwäsche verschaffen zu können. Selmi war überglücklich und versicherte mir, daß er dies nie vergessen werde.

Ich hätte diese Geschichte nicht niedergeschrieben, wenn sich nicht 32 Jahre später etwas Merkwürdiges ereignet hätte: Mein Sohn Raphael (auch er ist Cellist) gewann den ersten Preis beim Cassado-Wettbewerb in Florenz. Er konzertierte mit dem dortigen Orchester und kannte dessen Mitglieder gut genug, um zu bemerken daß, als er im folgenden Jahr wieder da auftrat, ein anderer Musiker das erste Cello spielte. Er begrüßte ihn und stellte sich vor. Es war *Giuseppe Selmi*! Selmi lebte in Rom und war im letzten Moment engagiert worden, um für jemanden einzuspringen. Er hatte keine Ahnung, was auf dem Programm stand. Als er den Namen meines Sohnes hörte und realisierte, daß dieser junge Mann der Sohn von Anita – ehemals BELSEN CONCERT PARTY SOCKEN UND UNTERWÄSCHE – war, gab es eine förmliche Explosion. Selmi war – er starb vor ein paar Jahren – ein sehr lebhafter Mensch. Das ganze Orchester mußte sich um ihn versammeln und die Geschichte unseres Zusammentreffens in Belsen vor so vielen Jahren anhören. Man erzählte mir, daß totales Chaos im Saal herrschte! Das Cello-

Konzert von Schumann, das dann folgte, soll voller Emotion gewesen sein – besonders das Cello-Duett im langsamen Satz.

Einige Jahre später traf ich Selmi in Rom. Wir verbrachten einen wunderbaren Abend zusammen, kramten Erinnerungen aus und konnten uns nicht über den Zufall beruhigen, der ihn damals nach Florenz zu dem Konzert meines Sohnes brachte. Er sagte mir, daß er das Gefühl hatte, einer Ohnmacht nahe zu sein, als er hörte, wer der Solist dieses Konzertes sein sollte.

Zurück zu meinem Leben 1945 in Belsen: Im Grunde war es eine Periode des Wartens und endlosen Phantasierens, was das »wirkliche« Leben bringen würde, sollte es uns schließlich gelingen, aus Belsen herauszukommen. Für Marianne ergab sich die Möglichkeit, endlich nach Palästina auszuwandern. Nun standen wir vor einem schrecklichen Dilemma. Sollte Marianne auf uns warten und riskieren, ihre Chance zu verlieren? Oder sollte sie nach Palästina gehen und unser Wiedersehen in die ferne Zukunft verlegen? Am 19. Juni 1945 schrieb ich an Marianne (Fortsetzung des Briefes über die Deportation meiner Eltern):

(...) Damit komme ich nun auf einen anderen Punkt Deiner Briefe, auf den ich eingehen möchte. Ich gestehe ein, daß die ersten Tage nach der Befreiung einem Taumel gleich waren und daß alles, was englisch war, uns tabu und heilig schien. Aber das waren nur die ersten Tage. Nun stehen wir wieder mit beiden Beinen auf der Erde. Und zu Deiner Beruhigung haben wir auch verdammt scharfe Augen bekommen. Wenn man erst einmal in den größten Dreck dieser Erde hineingeschaut hat, dann wird man sehr kritisch. Ja, ich wünschte mir oft, weniger kritisch sein zu können, denn ich muß mir oft stark auf die Zunge beißen, um nicht ausfällig zu werden. Und last not least: Du und wir und unsere Zukunft: Ich schrieb: ›Warte auf uns‹. O nein, Marianne, Du sollst nicht eine Sekunde glauben, daß wir das wirklich verlangen könnten. Alles Persönliche hat hier ausgeschaltet zu werden. Wir sind glücklich, daß Ihr Euer Ziel nun erreichen werdet. Ein kleiner Wermutstropfen muß natürlich geschluckt werden, aber er ist klein, denn ich weiß, daß wir uns doch wiedersehen werden. Nun sollst Du noch eines, und zwar für Dich und Dein persönliches Wohlbefinden sehr Wichtiges wissen: wir sind gar nicht ungeduldig!!!!!!!! Wir wissen, wie schwer alles ist. Ich möchte nur so überzeugt davon sein, daß ich einmal das Dvořák-Konzert so gut werde spielen können, wie ich überzeugt davon bin, daß alles gut mit uns wird. AUCH WENN ES NOCH MONATE ...... dauert. Bitte schreibe mir jetzt unverblümt und ohne jede Rücksicht, wann (genau) Ihr zu fahren gedenkt (...)

PS: Daß Du fließend hebräisch sprichst, flößt mir einen Heidenrespekt ein. Aber vielleicht guckst Du nicht mit allzugroßer Nichtachtung auf uns herab, wenn wir Dir sagen, daß wir in der Zwischenzeit fließend französisch sprechen. Wenn Hélène jetzt nicht bald schreibt, kommen wir ganz aus der Übung, und so haben wir uns entschlossen, nur noch französisch miteinander zu sprechen, denn englisch hören wir genug, und deutsch können wir ruhig vergessen. Amen!

Ich mache jetzt Schluß, und muß mich anstandshalber wieder einmal im Büro blicken lassen (...) Ja, mein Geburtstag naht. Die zweite 0 meines Lebens. Und was ich mir wünsche, das ist in erster Linie, wenn es irgend irgend geht, und selbst wenn Du Diebstahl verüben müßtest, schicke uns gute große Bilder von den Eltern und zu Hause. Von Dir spreche ich schon gar nicht mehr. Ich weiß, daß wir uns damit gedulden müssen. Sonst gebe ich mir alle erdenkliche Mühe, anspruchsvoll zu sein. Bis jetzt ist es noch nicht recht gelungen. Das hängt aber weniger mit meiner Bescheidenheit zusammen, als mit dem Faktum, daß wir wunschlos glücklich sind, das heißt, alles haben, was wir brauchen. Nur das eine eine Große nicht, worauf wir aber hoffen dürfen, und wenn man ganz fest hofft und wünscht, dann zwingt man sich die Erfüllung vom Himmel herab. Ich spreche aus Erfahrung (...) Be strong and of good courage.

Yours A.

Da Marianne im Begriff war, mit ihrer zionistischen Gruppe nach Palästina zu gehen, um dort einen Kibbuz zu gründen, spielten auch wir kurz mit dem Gedanken, ihr eventuell dorthin zu folgen.

Belsen Camp 25. June 1945

Meine liebe Marianne,

gestern abend spiele ich gerade auf meinen traurigen 3 restlichen Saiten Übungen, da kam Cpl. Shott mit Deinen Grüßen, Badeanzügen, Apfelsinen, Schokolade (...) unnötig Dir meine, bzw. unsere Freude mitzuteilen (...) Er hatte einen sehr großen Eindruck von Eurem Leben bekommen, und ich höre ihm zu und denke voller Staunen, wie es möglich ist, daß unter ein und demselben Himmel so vollkommen verschiedene Leben sein können. Marianne, Du mußt sehr glücklich sein, und das macht mich glücklich. Ich beginne die Weltsituation zu verstehen. Heute früh bekam ich eine jüdische Zeitung, »The Jewish Chronicle«, deren Hauptthema The Jewish Problem ist, und ja ich beginne zu verstehen (...) Außerdem stand in der Zeitung, daß 1000 Kinder die Erlaubnis haben werden, nach England zu kommen. Was denkt Ihr darüber? Es ist mir unbekannt, ob hier people in charge of this thing sind oder ob erst welche zu erwarten sind. Heute habe ich auch ein Rendez-vous mit Mrs. Montgomery, und wenn sie auch vielleicht eine zu offizielle Persönlichkeit ist, um individuell arbeiten zu können, werde ich doch versuchen, alles nur irgend Mögliche aus ihr herauszupressen. Das ist wohl das Schwerste zu verarbeiten: daß wir deutsche Juden sind. Was ich dabei empfinde, kann ich Dir nicht ausdrücken, aber wenn ich nicht seit unserer liberation die Verpflichtung übernommen hätte, mich wie ein halbwegs zivilisierter Mensch zu führen, würde ich die diversen um mich herum gruppierten Tintenfässer an die Wand schleudern oder mir auf irgendeine andere not ladylike Art Luft machen. Aber man hat ja einen großen Magen bekommen und schluckt eben auch das herunter, daß man DEUTSCHE Jüdin ist, obwohl mich dieser Bissen würgt und würgt und ich wohl kaum damit fertig werden werde (...) Never mind, schalten wir auf etwas anderes um (...) Dabei fällt mir ein, daß ich ganz vergessen habe die Noten zu erwähnen (...) Es ist schade, daß so vieles vergriffen ist (...) Ja, bin ich denn ganz auf den Kopf gefallen???? Eben fällt mir erst ein, daß die größte Freude die Fotos waren. Ich schleppe sie, wo ich gehe und stehe, mit mir herum, zeige sie jedem Opfer, das mir in die Hände fällt, und bin glücklich damit. Ab und zu reißt mir Renate die Bilder aus der Hand, dann gucken wir beide hinein und können uns nicht einigen, wer von uns sie bei sich tragen wird (...)

Mit meiner ganzen Liebe, A.

Renate schrieb:

Belsen Camp, 5.7.45

(...) Von hier muß ich Dir erzählen, daß die Jewish Mission inzwischen angekommen ist. Der Rabbiner hat uns erzählt, daß in ca. 4 Wochen ein tausendköpfiger Transport von Jugendlichen über England nach Palestine geschickt werden soll und daß wir die ersten auf der Liste sein werden. Das wäre doch prima, nicht? (...) Man hat uns die jüdische Zeitung gezeigt, wo Anitas BBC-Übersetzung abgedruckt war. Auch ein Artikel von Dir (...) Wir sind stolz auf unsere berühmte Schwester (...) Gestern hat Anita nach langer Zeit das erst Mal wieder vor Publikum gespielt. Eine Bach-Sonate für Cello und Klavier. Es war sehr schön und hat allen sehr gut gefallen. Nachher hatten wir ein unerhörtes Dinner, wo wir von zwei Kellnern bedient wurden und wo so viel Besteck gedeckt war, daß wir gar nicht wußten, mit welchem wir anfangen sollten. Sehr verständlich, da wir in den letzten Jahren nur einen Löffel hatten und auch dies schon eine große Kostbarkeit war. Wir waren die ersten Monate hier in Belsen ohne Besteck und schlürften unsere Steckrübensuppe aus den Freßnäpfen. Ich sehe Anita vor mir, wie sie vor der stinkenden Suppe saß, unfähig sie anzurühren, bis auch sie der Hunger zwang, sich dazu zu entschließen. Diese Woche fahre ich nach Hamburg, damit ich für Titel ein schönes Geburtstagsgeschenk finde. Sie feiert doch ihre zweite Null, und Vati hätte sich bestimmt dafür etwas ganz Außergewöhnliches ausgedacht (...) Ich wünsche Dir viel viel Glück in Deiner neuen Heimat (...)

Deine Renate

Belsen Camp, 7.7.45

Geliebte M.

(...) Es ist uns eine große Beruhigung zu wissen, daß man in Palestina auch so viel für uns tut. Hoffentlich, hoffentlich werden wirklich alle die Träume einmal in Erfüllung gehen. Von hier aus haben wir auch eine gute Sache in Aussicht. Aber wir wollen nicht zu viel davon sprechen, weil alles noch zu unsicher ist. Es handelt sich jedenfalls um den von Dir schon einmal ängstlich erwähnten Kindertransport (...) Jetzt ist bald Muttis Geburtstag. Wir werden versuchen uns ein Jahrzeitlicht zu verschaffen. Falls Dich dieser Brief noch vor dem zwanzigsten erreichen sollte, dann wollen wir an diesem Tag ganz fest aneinander denken (...) Schnell schnell ein Brief von Dir! (...)

Deine Dich liebende A.

Belsen Camp, 16.7.45

(...) Von hier ist nichts weiter Neues zu berichten. Wir sind guten Mutes und haben Hoffnung auf den Kindertransport, und man verspricht uns jeden Tag, wenn nur irgend eine Möglichkeit besteht, unser Alter mit einzuschieben, so fahren wir mit. Das Projekt heißt für Kinder bis zu 16 Jahren. Da man gar nicht so viele Kinder in diesem Alter hat, so versucht man jetzt auch children's wards mitzuschicken (...) Morgen ist Titas Geburtstag. Unser Freund Capt. Powell und ich sind gestern extra in Hamburg gewesen, um Geschenke einzukaufen. Sie kriegt prima Blusen, Unterwäsche, Schuhe, 2 Kleider, eine dolle Geburtstagstorte aus 16 Eiern, Hühnchen, Kirschen und eine Eisbombe. Prima, was? Meine einzige Sorge ist jetzt nur noch, wo ich ein Cellofutteral herbekomme. In ganz Hamburg ist keins aufzutreiben, da alle Geigenbauer ausgebombt sind. Ich glaube, ich werde ihr eins beim Schneider machen lassen. Ja, auf die Geburtstagstorte bekommt sie 20 kleine Lichter. Ich bin so froh, daß ich das alles machen kann für sie und daß der erste Geburtstag in der Freiheit so schön werden wird (...) Anita sitzt mir gegenüber und malt Schilder fürs Büro (...) Ich werde für heute schließen und mich wieder meiner

»schweren« Arbeit zuwenden. Habe keine Angst, daß ich mich überarbeite. Wenn ich krank war, so kam das nicht von der schweren Arbeit, sondern eben weil mein Herz nach dem Typhus nicht ganz in Ordnung ist und es augenblicklich hier schrecklich heiß ist.

Schreib schnell (...)
Deine Renate

Belsen Camp, 16. Juli 1945

Geliebte M.
(...) hoffentlich kommt nun auch bald ein Brief, aus dem wir ersehen können, daß Du nicht versoffen bist und glücklich Dein Ziel [Palästina] erreicht hast. Heute ist mein letzter Tag 19. Nun werde ich nie wieder eine 1 als erste Zahl haben (falls ich nicht 100 Jahre alt werde), und ich bin eigentlich sehr unglücklich darüber, denn ich bin nun eigentlich schon rechtschaffen alt. Gestern abend waren wir bei einem Robert-Taylor-Film, und da habe ich richtig gemerkt, wie alt wir schon sind. Ich erinnere mich an Robert Taylor als ganz jungen schönen Knaben, und nun ist er ein ganz ausgewachsener Mann. Ist es nicht schrecklich, wie rasend schnell das Leben läuft? Ich hätte wirklich manchmal Lust, es anzubinden. Ich spiele viel Cello, und meine Hände zittern mir, weil ich nicht daran gewöhnt bin. Morgen kommt ein fabelhafter italienischer Cellist her, ein Ex-prisoner of War, und wird ein Konzert geben. Er ist Mainardi-Schüler, und ich werde, solange er in Belsen Camp ist, Stunden bei ihm nehmen (...) Das Blatt ist zu Ende. Bis zum nächsten Mal,

Deine noch 19jährige Anita

Renate:

Belsen Camp 23rd July 1945

Geliebte M.
eben kam Dein Brief, den Du vom Schiff aus schriebst. Wie gut kann ich mir vorstellen, was der Vesuv und die ganze Gegend dort für einen Eindruck auf Dich gemacht hat. Ich habe Tränen gelacht über Deine Beschreibung von dem luxuriösen Schiffsleben

und Deinen Tanzversuchen. Fast beneide ich Euch ein bißchen, aber nein, ich bewundere Euch nur, daß Ihr es geschafft habt und sich Eure Wünsche nun endlich erfüllt haben (...) Anita und ich beten nur immer, daß unser Wiedersehen nicht mehr allzu fern in der Zukunft liegt. Helli schrieb uns einen ziemlich entmutigenden Brief, daß das Home Office ihnen mitgeteilt hat, das nächste Mal in drei Monaten vorzusprechen, aber wir hoffen halt immer noch auf den Kindertransport, der ja vielleicht auch mal gehen wird. Anita ist gerade von einer 5-tägigen Konzerttournee zurückgekommen (...) Sie hat jetzt auch manchmal Cellostunde bei einem Cellisten, der im Kriegsgefangenenlager hier war (...) Unser Kulturleben ist jetzt überhaupt ziemlich rege. Morgen kommt z.B. Yehudi Menuhin her, und wir sind schon sehr gespannt (...) Anitas Geburtstag haben wir sehr schön gefeiert. Eure Post und Pakete kamen im richtigen Augenblick (...) Wir sind jetzt auch dank Capt. Powell vollständig ausgestattet. Nur Wintermantel und Pullover haben wir noch nicht, aber das werden wir uns schon beschaffen (...) Wir könnten also schon fahren, denn wir sind reisefertig. Eben höre ich, daß unsere Chancen für den Kindertransport sehr gut stehen und daß man annimmt, daß es Anfang August losgehen soll (...) Ach, wenn das wahr wäre, Marianne, ich würde ganz verrückt vor Freude werden (...)

Deine R.

Belsen Camp, Juli 1945

Geliebte M.

(...) Unsere Zukunft sieht noch ganz unentschieden aus. Im Augenblick, da die elections ja so phantastisch ausgefallen sind, haben wir wieder etwas mehr Hoffnung auf England, aber wann und wie, liegt noch sehr im Dunklen (...) Hoffentlich, hoffentlich entscheidet sich nun bald etwas, wir hängen hier gar zu sehr in der Luft. Der Pioneer Corps ist fort, und auch Capt. Powell, der unser allerbester Freund ist, wird uns bald verlassen, da er vom Militär entlassen wird. Dann werden wir sehr allein sein (...) Grüße alle unsere Freunde herzlichst (...)

Deine R.

PROGRAMMA

PARTE PRIMA

Violoncello:

Schumann - Träumerei .... Anita Lasker
Selmi - La citta del sogno dai campanili dorati .... Giuseppe Selmi

Piano solo:

Mendelssohn - Rondo capriccioso .... Giorgio Perrini

Canto:

Giordano - Andrea Chenier - Nemico della patria .... G. Gaudioso
Puccini - Boheme - Mi chiamano Mimi .... Eva Steiner
Maggioli - Na stella .... Gerardo Gaudioso
Puccini - Madama Butterfly - Un bel di vedremo .... Eva Steiner

PARTE SECONDA

Piano solo:

Beethoven - Sonata patetica .... Giorgio Perrini

Violoncello solo:

Selmi - Giuochi di bimbi nel giardino -
Fischer - Danza ungherese .... Giuseppe Selmi

Canto:

Tosti - L'ultima canzone .... Gerardo Gaudioso

Piano solo:

Chopin - La caduta di Varsavia .... Giorgio Perrini

Violoncello:

Bach - Sonata per due violoncelli .... Anita Lasker e Giuseppe Selmi

Canto:

Leoncavallo - Mattinata .... Eva Steiner
Bizet - Carmen - Con voi ber .... Gerardo Gaudioso
Delibes - Les filles de Cadiz .... Eva Steiner

L. MUNDSCHENK, SOLTAU.

Konzertprogramm Bergen-Belsen, Juli 1945

Ich schrieb an meine Cousine Helli:

Belsen Camp, 30. Juli 1945

(...) Nun muß ich Dir etwas anderes erzählen (...) Freitag war also tatsächlich Yehudi Menuhin hier in Belsen Camp, erst hieß es nur für Polen, und wir hatten schon eine Riesen Wut, es stellte sich aber heraus, daß das nicht wörtlich gemeint war, und wir bekamen mühelos Billetts. Es war ein wunderbarer Abend. Beide, Solist und Begleiter von einer Einfachheit, die in bezug auf Kleidung schon fast ans Schlampige grenzte, was aber für die hiesige Atmosphäre sehr angebracht war. Daß Menuhin geigerisch vollendet gespielt hat, ist wohl überflüssig zu erwähnen, denn dafür ist er ja Yehudi Menuhin, aber doch muß ich sagen (und ich bitte mir das nicht als Anmaßung auszulegen), war ich ein klein bißchen enttäuscht. Beseelt, so wie ich mir Casals' Spiel vorstelle, war es nicht. Ich hatte richtig das Gefühl, daß er mit sich selbst spart. Nun mag sein, daß ihn die hiesige Atmosphäre nicht gerade angeregt hat. Es war unmöglich, vollständige Ruhe im Saale zu erzielen. Und ich habe mich manchmal richtig für das Publikum geschämt. Ein Wunder noch, daß er nicht mittendrin abgebrochen hat. Was seinen Begleiter betrifft, so kann ich nur sagen, daß ich mir etwas Wunderbareres kaum vorstellen kann. Man hat überhaupt nicht gemerkt, daß da begleitet wird, und trotzdem mußte ich wie gebannt auf diesen Mann sehen, der auf seinem Stuhl saß, als ob er nicht bis drei zählen könnte, und so vollendet schön spielte. [Jahre später erfuhr ich, daß Benjamin Britten der Begleiter war.]

Ja, wer hätte das geglaubt, daß Belsen Camp noch einmal Yehudi Menuhin hören würde. Er spielte übrigens ein Preludium und Fuge von Bach/Kreisler, die Kreutzer-Sonate, das Mendelssohn-Konzert, etwas von Debussy und noch verschiedene kleine unbekannte Sachen.

Was nun endlich uns beide betrifft (...) Ist das tatsächlich ein point: german-born refugees?! Ja freilich, wir hoffen weiter auf den Kindertransport, aber als einzige Hoffnung scheint mir das so dürftig. Wann werden sich diese ganzen Probleme schon endlich lösen?? Wann werden wir schon endlich frei sein, das zu tun, was wir wollen? Das heißt nicht, daß wir undankbar sind und unsere Freiheit, so wie wir sie jetzt haben, nicht genießen können (...) Diese Tage, die mich zwischen Cello und Büro hin- und herlaufen sehen, scheinen mir so verloren, so wie ich überhaupt seit meinem 20. Geburtstag ganz speziell mich direkt alt und älter werden höre; ohne dort zu sein, wo ich so gerne sein möchte. Und das ist ganz simplement an einer Musikschule und nicht im office des Chief Clerks Belsen Camp. Ich weiß ja, daß alles Menschenmögliche getan wird, und bin dankbar. Wir haben es tausendmal besser als alle anderen. Aber es ist nur das Warten und Warten und das Kämpfen gegen tausend idiotische Schwierigkeiten, die ja alle zu verstehen sind, denn weshalb sollte man mit uns eine Ausnahme machen? Aber das Warten kostet viel Kraft. Das Wahlergebnis hat mich sehr gefreut. Ob dies wohl auch für uns unglückselige REFUGEES etwas erleichtert? (...) Wir hatten wieder Post aus Palestina. An Heimstätten soll es uns ja wirklich nicht fehlen. Das ist schon ein guter Trost (...) Ich habe Selmi gestern eine A-Saite gegeben, weil seine geplatzt ist. Könntest Du vielleicht wieder eine besorgen? (...)

Lebt wohl (...) Eure A

Belsen Camp, 10th Aug 45

Geliebte Marianne,

es regnet regnet regnet .... typisches Belsenwetter. Ich habe gerade geübt, und daß ich unterbrochen habe, liegt daran, daß ich einfach schlappgemacht habe. Mir tut alles weh. Ja, die Steifheit von 6 Jahren wegzubringen ist ein hartes Stück Arbeit. Mit Selmi war ich heute das letzte Mal zusammen. Er wird voraussichtlich am 20. nach Rom zurückfahren. Er hat mir ein ganzes Notenheft mit Übungen hinterlassen, und ich habe viel zu schwitzen. Es ist mir ein glattes Rätsel, wie ich es jemals fertiggebracht habe, etwas von Anfang bis Ende durchzuspielen, ohne daß mir dabei der Bogen aus der Hand gefallen ist. Wenn Du aus meinem vielen Cellogefasel entnimmst, daß mich momentan nichts anderes interessiert als nur dies, hast Du, um ganz ehrlich zu sein, teilweise recht. Mein Wunsch, schon endlich endlich richtig zu studieren, nimmt von Tag zu Tag zu und macht, daß mir Belsen immer mehr und mehr auf die Nerven fällt (...) Mir fällt ein, daß Du noch gar nicht weißt, wie mein Geburtstag ausgefallen ist. Also einfach unglaublich schön. Hellis Pakete kamen genau am 17. an. Eure Wünsche, für die ich Euch 1000 x danke, ein paar Tage später. Mein Geburtstagstisch war einfach toll. Auf den ersten Blick stach mir eine phantastische Torte mit 20 Lichtern in die Augen. Dann waren noch von Helli wunderbare Hausschuhe, ein Schach, ferner seidene Unterwäsche, Handschuhe, Schuhe, Kleid und hunderte Kleinigkeiten, die ich alle gar nicht aufzählen kann. Eins der Hauptgeschenke war das Cello, was ich aber schon vorträglich bekommen habe. Nun bin ich tatsächlich 20 Jahre alt und fühle mich wirklich greisenhaft. Aber dagegen ist wohl nichts zu machen (...) Ich mache jetzt Schluß und lasse meine verkalkten Finger noch etwas herumhopsen (...) Ich umarme Euch (...)

Eure Anita

Belsen 29.8.45

Meine geliebte M.

Du hast lange keine Nachricht gehabt von uns, aber leider ist der Grund ein anderer, als Du annimmst. Ich kann nichts anderes tun, als Dich um Verzeihung und Geduld zu bitten. Ich bin in diesen letzten Wochen einfach unfähig zu schreiben (...) Ich will nicht viel von hier sprechen, denn die Welten, auf denen wir leben, sind zu verschieden voneinander, und was zu sagen wäre, wäre zu lang, um es aufzuschreiben. Nur für Deine Briefe will ich Dir danken, die durch ihr großes Glück, das aus ihnen spricht, auch uns für Stunden froh machen. Du machst uns auch viel Hoffnung wegen der Certificate. Bis jetzt ist zwar so etwas wie Privat-Certifikate noch nicht vorgekommen, aber vielleicht vielleicht ist es doch möglich!!!!! Es wäre wirklich höchste Zeit für uns hier rauszukommen, denn es kostet viel Nerven. Lest Ihr eigentlich Zeitungen? Denn ich habe einen Artikel geschrieben, und ich denke, daß er veröffentlicht werden wird. Entweder in der »Jewish Chronicle«, oder im »New Statesman« oder im »Daily Mirror« als Antwort auf einen im »Daily Express« erschienenen Artikel über Deutschlands »gayest Holiday-town, its name Belsen« (...) Es graut uns vor noch einem Belsen-Winter (...) Sei nicht traurig, auch wenn ich traurig bin, sondern bleib immer so glücklich, wie Du es jetzt bist.

Innigste Liebe ..... Deine A.

Dies ist ein Brief von Renate:

Belsen Camp, 30. August 1945

Geliebte M.

(...) Ja, wir sind immer noch im schönen Belsen, und Deine letzten Briefe, die uns schrieben von baldigen Certifikaten etc. haben uns ganz durcheinander gebracht. Wir haben uns nämlich schon darauf eingestellt, noch ein gutes halbes Jahr hier zu sitzen, obwohl der Gedanke daran außerordentlich peinlich ist (...) Marianne, Du wirst uns doch verstehen, daß wir das Lager hier bis zum Kotzen über haben. Und es wird jeden Tag schlimmer (...) und es ist schrecklich überfüllt. Gott sei Dank leben wir in unserem Häuschen für uns allein, und auch unser Essen kriegen wir separat. Aber die ganze Atmosphäre hier ist so deprimierend und ich kann die Visagen hier einfach nicht mehr aushalten (...)

Renate

Wir hatten einige gute Freunde im Relief Team, und das Leben war nicht vollkommen abwechslungslos. Eines Tages etwa hörte ich, daß ENSA (Entertainment National Service Association) in Hamburg *Figaros Hochzeit* unter Walter Süsskind aufführen sollte. Natürlich nur fürs Militär. Damals arbeitete ich für einen gewissen Leutnant Winchester, der wußte, was es für mich bedeuten würde, mir diese Oper anhören zu können. Er schlug vor, mich mitzunehmen – vorausgesetzt, daß es mir gelänge, eine Uniform zu organisieren. Das schien kein besonderes Problem zu sein, denn ich war sicher, daß ich mir eine Uniform von jemandem aus dem »Jewish

Relief Team« würde borgen können. In der Tat wurde mir eine Uniform für diesen Ausflug versprochen. Der Tag kam, doch die Besitzerin der mir versprochenen Uniform war nirgends aufzutreiben. Große Aufregung: Ohne Uniform fiele alles ins Wasser. Mein Dilemma sprach sich herum, und Jo Wolhandler von der UNRRA (United Nations Relief and Rehabilitation Agency, einer Hilfsorganisation der Vereinten Nationen) erschien als rettender Engel und brachte mir voller Stolz eine Uniform. Sie gehörte einem hohen weiblichen Offizier des Roten Kreuzes. Nur war es Jo nicht gelungen, die dazugehörige Kopfbedeckung zu organisieren. Aber wer läßt sich schon von solchen Kleinigkeiten stören?! Ich zog mir die Uniform an, in der ich lächerlich ausgesehen haben muß, denn die Diskrepanz zwischen meinem »Rang« und meinem Gesicht schrie zum Himmel. Hutlos und mit eindrucksvoller Uniform ging es gen Hamburg. Es wurde ein großartiger Abend. Der Eindruck allerdings, der heute nach so vielen Jahren überwiegt, ist nicht so sehr das musikalische Erlebnis, sondern die totale Verwüstung Hamburgs. Damals war noch nichts weggeräumt. Die Straßen lagen voller Trümmer. Das Autofahren glich einem Hindernisrennen.

Ich habe keine Ahnung, ob die Aufführung gut war. Ich hatte sowieso keine Kriterien, irgend etwas zu beurteilen. Alles war furchtbar aufregend für mich. Plötzlich wurde mir bewußt, daß ich ein kleines Problem hatte. Ich mußte auf die Toilette und wagte nicht, es zu tun. Ich hätte mich ja leicht in einem engen Raum vis-à-vis von jemandem aus »meinem Unit« befinden können. Irgendwie muß ich es überlebt haben. Wir kamen ohne Zwischenfälle nach Belsen zurück, die Uniform wurde ihrer rechtmäßigen Besitzerin zurückgebracht. Sie hat bestimmt niemals gewußt, wo ihre Uniform gewesen ist.

Belsen, 23.9.1945

Geliebte M.

(...) von mir ist zu berichten, daß ich momentan nur auf »week end« in Belsen bin. In den letzten Tagen spielte sich folgendes ab: Mittwoch Nachmittag fuhr ich als Red Cross Officer verkleidet nach Hamburg und sah Figaros Hochzeit. Um ein Uhr nachts war ich wieder in Belsen, um 7 Uhr früh fuhr ich als ›witness‹ zum Belsen trial nach Lüneburg (...) Abends nach Gerichtsschluß sauste ich bereits verbotenerweise wieder gen Belsen, da ich mein heiliges Versprechen gab, die Abendaufführung des jüd. Theaters nicht im Stich zu lassen, nächsten Morgen um 7 Uhr saß ich bereits wieder im Auto Richtung Lüneburg mit der Jewish Brigade. Wir hatten of course eine Panne, und im allerletzten Moment war ich wieder im Gericht, und Gott sei Dank blieb meine Abwesenheit unbemerkt. Nun bin ich schon wieder in Belsen, da wir week end off hatten, fahre aber in einer halben Stunde wieder weg. Von Lüneburg ist noch nichts zu berichten, ich habe noch keine evidence gegeben, rechne aber damit, diese Woche dranzukommen.

Bald mehr (...) Deine A.

Die nächste große Abwechslung in unserem Leben, das ein endloses Warten auf das ersehnte Ende unseres Daueraufenthalts in Belsen war, bildete der Lüneburger Prozeß gegen die Kommandeure und das Wachpersonal des Konzentrationslagers Bergen-Belsen. Es war September. Ich war als Zeugin vorgeladen. Der Prozeß wirkte auf mich allerdings wie eine Farce. Es war das erste Mal, daß ich mit der britischen Rechtsprechung Bekanntschaft machte, nach deren Grundsätzen der Angeklagte unschuldig ist, wenn man nicht *beweisen* kann, daß er schuldig ist. Ohne Frage ein sehr empfehlenwertes Konzept, aber kaum anwendbar, wenn es um Verbrechen geht, wie sie in Lüneburg behandelt worden sind.

Da saßen sie alle in einer Reihe: Kramer, der Kommandant in Auschwitz und Belsen, Dr. Klein, Arzt in beiden Lagern, Irma Grese und mit ihnen die ganze Bande, die man an Ort und Stelle geschnappt hatte. Außerdem einige Kapos, die sich durch die bestialische Behandlung ihrer Mitgefangenen besonders »ausgezeichnet« hatten.

Mein Englisch war damals schon gut genug, daß ich auf einen Dolmetscher verzichten konnte. Als erstes mußte ich die Angeklagten identifizieren. Das war leicht. Was wohl in deren Köpfen vorgegangen ist, als ich sie da identifizierte! Dann kam der groteske

Aspekt dieses Prozesses. Zum Beispiel fragte man mich, ob ich jemals gesehen hätte, wie einer der Angeklagten jemanden ermordet hat. Wenn ich ja sagte, lautete die nächste Frage: An welchem Wochentag war das und um welche Uhrzeit? Natürlich mußte ich aussagen, daß ich das nicht wüßte. Ich stand unter Eid, und im Lager hatte man weder einen Kalender noch eine Uhr. Auch hätte es einen kaum interessiert, ob das an einem Montag oder an einem Donnerstag geschah. Allein die Tatsache, eine solche Frage nicht präzise beantworten zu können, bewirkte, daß man das Gefühl hatte, nicht die Wahrheit zu sagen. Ich konnte es damals nicht fassen, daß diese Verbrecher überhaupt »Verteidiger« hatten. Als ob sie in einem normalen englischen Gerichtshof säßen! Ich habe mich wahnsinnig darüber aufgeregt und war wütend, so wütend, daß ich ungefragt sagte, ich fände es vollkommen falsch, die Kapos im gleichen Prozeß mit denjenigen anzuklagen, deren System sie zu den Bestien gemacht hat, die sie geworden sind: Sie sollten einen separaten Prozeß bekommen. Ich habe damit nicht gerade viel erreicht – aber wenigstens habe ich es gesagt.

Die Mehrzahl der Angeklagten wurde zum Tode verurteilt. Die ganze Prozedur aber schien mir vor allem eine Gelegenheit für junge Anwälte zu sein, ihre Fähigkeiten zu beweisen, Verbrecher zu verteidigen. Für uns, die wir Zeugen des gigantischen Massenmords waren, ließ sich ein solch normales und ordentliches Gerichtsverfahren kaum begreifen. (Siehe Anhang, Seite 201.)

Ich glaube, damals habe ich zum ersten Mal verstanden, daß die »normale Welt« niemals das erfassen wird, was zum Prozeß in Lüneburg geführt hat. Man kann eben nicht ein konventionelles Gesetz auf Ereignisse anwenden, die so außerhalb jedes Gesetzes stehen wie der Massenmord an Millionen von Menschen im Namen der »Rassenhygiene«.

Am 26. September schrieb ich an Helli:

Lüneburg, Mittwoch

(...) nun bin ich wirklich bloody enraged. Mein ganzer Trost für mein langes Warten war, daß ich nach der evidence in den Saal gehen kann, um zuzuhören, so wie es die bereits abgefertigten Zeugen bisher getan haben. Nun kam eben die Order, alle witnesses rauszuschmeißen. Man hat wahrscheinlich Angst, daß wir uns besprechen. Oh, diese hoffnungslosen Idioten!!!! Was haben wir wohl noch zu besprechen!? (...)

Renate schrieb an Marianne:

Belsen Camp, 29.9.45

(...) hier hat diese Woche ein jüdischer Kongreß stattgefunden. Aber meiner Ansicht nach ist das alles eine große Scheiße, und ich habe mir das Geschwafel gar nicht angehört. Es sind drei MPs [Abgeordnete des britischen Unterhauses] dagewesen und haben schwülstige Reden gehalten (...) Unsere Aussichten für England stehen im Moment ziemlich günstig (...) Anita ist noch in Lüneburg beim Prozeß, und ich habe jetzt das ganze Büro auf meinen Schultern (...) Heute nachmittag fahre ich mit dem Wagen hin, um Tita aufs weekend abzuholen. Ich bin schrecklich verlassen ohne sie und bin glücklich, wenn sie wenigstens auf eineinhalb Tage nach Hause kommt (...)

Deine R.

Belsen Camp, 2. Oktober 1945

Liebste M.

(...) Du schreibst so schöne Briefe, daß wir sie uns immer wieder durchlesen (...) Es ist sehr deprimierend wie schwer man es uns macht, eine neue Heimat zu finden (...) Titel ist wiedermal in Lüneburg (...) Man sagt eine ganze Menge über sie in den Zeitungen und im Radio. Ihre Aussagen sind zum Teil recht ausschlaggebend. Außerdem hat sie einen Plan vom KZ-Gelände gemacht, der gedruckt wurde und an dem hohen Gerichtshof verteilt wurde, sehr zum Ärger der ›defending officers‹, weil nämlich durch die bestimmte Angabe gewisser Gebäude die Angeklagten teilweise sehr in die Enge getrieben werden (...)

Yours Re

Nach meiner Aussage schrieb ich :

Lüneburg, 2.10.1945

Geliebte Helli,

es ist also nun überstanden, und es war so, daß mir noch lange ein bitterer Nachgeschmack bleiben wird. Es ist nicht so sehr, daß man diese ganzen Verbrechertypen wiedersieht und man sich wieder in vergangene Zeiten zurückversetzt fühlt, aber man steht da, bekommt Fragen gestellt, und was mich betrifft, habe ich geantwortet, sachlicher und kürzer, als es vielleicht notwendig war. So sehr ich mein Gehirn angestrengt habe, um die Dinge etwas ausführlich und wirksam darzustellen, ich konnte es einfach nicht, gegenüber diesem dick aufgetragenen Theaterstück. Ich habe englisch gesprochen, was einen großen Eindruck gemacht hat. Und überhaupt ist es viel interessanter für diese Herrschaften, wie der jeweilige Zeuge aussieht, als was er aussagt. Der »Daily Mirror« hat mich in allen Posen photographiert (...)

Noch während der Gerichtsverhandlung – ich saß in der Kantine und trank eine Tasse Tee – kam plötzlich ein junger Mann auf mich zu. Es war mein alter Freund Konrad Latte, der mir das Zyankali gegeben hatte, das er dann mit Puderzucker vertauschte. Er hatte in der Zeitung Berichte über den Prozeß gelesen und war dabei auf meinen Namen gestoßen. (Konrad selbst war es gelungen, sich zu verstecken, und er hat es irgendwie fertig gebracht, den Krieg zu überleben.) Das war ein Wiedersehen! Ich sagte ihm so ganz nebenbei: »Vielen Dank übrigens für den Zucker. Er hat gut geschmeckt.« Ohne Konrads Intuition hätten wir dieses Gespräch nicht mehr führen können.

Belsen Camp, 19.10.45

Geliebte M.

(...) Ich weiß nicht, ob Ihr englische Zeitungen lest. In diesem Falle wirst Du es dort gelesen haben, daß Anita Lasker, young german jewess, evidence im Lüneburger Belsenprozeß gegeben hat. Es ist immer noch nicht fertig, und da ich die ganze Zeit über in L. sein muß, trotzdem aber zwischendurch immer wieder nach Belsen fahre, bin ich augenblicklich nur so halb und halb überall. In Lüneburg bekam ich plötzlich ein Telegramm von jemandem, der mich in der Zeitung gelesen hat und somit erfahren hat, daß ich überhaupt noch lebe. Dieser »Jemand« ist: ... Konrad Latte!!! Er kam sofort nach Lüneburg, und so unwahrscheinlich es klingen mag, aber nach diesen drei Jahren, die wir beide erlebt haben, haben wir sozusagen fortgesetzt da, wo wir aufgehört haben. Und haben uns nur immerfort gefragt, ob es auch wirklich möglich ist, daß wir da sitzen, als ob gar nichts geschehen wäre, und sprechen, als ob wir uns erst gestern getrennt hätten. Konrad hat die ganze Zeit unter den unwürdigsten Umständen illegal gelebt, ist verhaftet worden, und geflohen (...) Er ist inzwischen verheiratet und wird in 14 Tagen ein Kind haben. Es ist ganz unbegreiflich, wie das Leben trotz allem weiterläuft. Herr und Frau Latte leben nicht mehr. Ich schreibe bald mehr darüber und auch über anderes (...)

Deine A.

In England waren meine Familie und Freunde damit beschäftigt, das Home Office mit immer neuen Anträgen zu bombardieren, um endlich eine Einreisegenehmigung für uns zu erlangen. Es sah hoffnungslos aus. Obwohl England den Krieg gewonnen hatte, war das Leben dort noch von jeder Normalität weit entfernt. Das Innenministerium hatte andere Sorgen, als Voraussetzungen zu schaffen, die es erlauben würden, daß Displaced Persons ins Land kämen. In der Tat dauerte es einige Jahre, bis sich das Leben in England einigermaßen normalisierte. Ende November 1945 wurde endlich ein Gesetz erlassen, das den heimatlosen KZ-Überlebenden die Möglichkeit gab, sich mit ihren Verwandten zu vereinigen. Aber es galten zwei Einschränkungen: Der Antragsteller mußte unter 21 Jahre alt sein, und er durfte nirgendwo anders auf der Welt noch Angehörige haben. Wenn diese Bedingungen erfüllt waren, sollte man sich bei dem nächstliegenden British Passport Control Office melden. Wir erfuhren diese Neuigkeit von den Verwandten in London und waren begeistert.

Als ich kürzlich meine Briefe aus dem Jahr 1945 noch einmal las, erinnerte ich mich erst wieder, *wie* verzweifelt wir darum kämpften, endlich aus Belsen wegzukommen, um ein neues Leben anzufangen. Auch habe ich erst später (wiederum durch Briefe, die in meinem Besitz sind) verstanden, was für eine unendliche Mühe und Anstrengung unsere Freunde und Verwandten aufgebracht hatten, um uns endlich nach England zu bringen.

Jetzt hatten wir »nur« mit zwei »nebensächlichen« Problemen fertig zu werden: Renate hatte am 14. Januar 1945 bereits das reife Alter von 21 Jahren erreicht und befand sich somit jenseits der Altersgrenze, und was Familie außerhalb von England betraf, da war Onkel Eduard (Bruder meines Vaters und amerikanischer Schachmeister) in New York! Aber alte Kämpfer wie wir lassen sich nicht so leicht von solchen lächerlichen Lappalien einschüchtern. Es brauchte genau 50 NAAFI-Zigaretten, um die Geburtsdaten von Renate und mir im Registrationsbüro von Belsen ändern zu lassen. Es gab ohnedies keine Geburtsurkunden mehr von uns, und nirgendwo existierte der geringste Beweis unserer Identität. So wurden wir also beide um die notwendigen Jahre jünger, denn der Altersunterschied mußte gewahrt bleiben. Ich hatte mir ganz einfach zwei Jahre geschenkt, was mir sehr willkommen war nach so vielen verlorenen Jahren meines Lebens. Ich habe niemals jemandem ein Wort davon gesagt – nicht einmal meinen Kindern –, bis vor ein paar Jahren. Da habe ich mein »Geständnis« abgelegt. Unvermeidlich hat diese Datenfälschung einige eigenartige Situationen zur Folge gehabt: Als ich meinen 50. Geburtstag hatte, habe ich ihn nicht speziell gefeiert, denn ich war ja »erst« 48. Ich hätte bereits zwei Jahre früher meine freie Bus- und U-Bahnkarte haben können, sowie andere Vorteile für »Old Age Pensioners«. Ich glaube, ich habe mehr gewonnen als verloren. Ich habe jetzt meinen Travelpass, wenn auch zwei Jahre zu spät, und ich habe längst aufgehört, mir über mein Alter Gedanken zu machen.

Das erste Problem war also gelöst. Blieb nur noch die Existenz von Eduard Lasker, dem Onkel in Amerika, und die »Bagatelle«, sich bei dem nächstgelegenen Britischen Konsulat zu melden: Das war nicht gerade einfach in einer Zeit, in der es keinerlei offizielle

Reisemöglichkeiten gab, keine Eisenbahnzüge, wenigstens nicht für Zivilisten oder gar Displaced Persons ohne Papiere. Wie sollte man über eine Grenze kommen? Das nächstgelegene Konsulat befand sich in Brüssel.

Wir verschwendeten nicht viele Gedanken an Onkel Eduard und konzentrierten uns auf das Problem: Wie kommt man nach Brüssel?

Alle unsere Freunde in den verschiedenen Hilfsorganisationen steckten die Köpfe zusammen, um einen Weg zu finden. Einer von ihnen hatte einen großartigen Einfall: Jeden Monat kam ein Lastwagen, der Äpfel aus Brüssel nach Belsen brachte. Wir sollten uns uniformähnliche Kleidung organisieren, um ein bißchen »offiziell« auszusehen, und dann mit diesem Lastwagen zurück nach Brüssel fahren: Eine einfache, doch unsichere Lösung, aber man könnte es zumindest versuchen. Es war inzwischen Dezember, kurz vor Weihnachten. Das war wohl der Grund, warum wir vergeblich warteten. Der berühmte Lastwagen kam nicht. Da saßen wir also wieder, enttäuscht und ziemlich deprimiert. Um uns ein bißchen aufzuheitern, nahmen wir eine Einladung zu einem Tanz im Offiziers-Klub an. Es war Boxing Day, wie die Engländer den zweiten Weihnachtstag nennen. Mein erster Tanzpartner war Hans Alexander. (»Captain« Alexander, um ihm seinen Rang zu geben.) Er wußte von unserem Problem. Während wir tanzten, sagte er zu mir: »Ich höre, ihr wollt nach Brüssel. Ich fahre morgen dorthin. Wenn ihr wollt, nehme ich euch mit.« Immer noch tanzend, sagte ich: »Sie wissen, daß wir keine Papiere haben?« Er antwortete: »Das ist eure Sache. Wenn ihr wollt, komme ich euch morgen um 8 Uhr früh abholen.« Also, was sagt man dazu? Plötzlich gab es eine Möglichkeit, wegzukommen. Ich habe das Angebot natürlich angenommen. All das klingt ein bißchen wie ein schlechter Film, aber es war tatsächlich so, wie ich es hier erzähle: Nach dem Tanz informierte ich sofort Renate. Wir berieten uns rasch mit einigen Freunden von den Hilfsorganisationen, die auch auf dieser Party waren. Alle fanden, daß es keine gute Idee wäre, ohne irgendein Papier wegzufahren. Irgend etwas halbwegs offiziell Aussehendes müßte man haben. Wir verließen alle die Party und schlossen eines der Büros auf. Ich setzte mich an eine Schreibmaschine und produzierte ein Reisepapier. Der Mensch ist eben ein Gewohnheitstier. Nur habe ich diesmal keine Papiere gefälscht, sondern habe statt dessen eins erfunden. Es sieht so lächerlich aus (*und* hat orthographische Fehler), daß es sich lohnt, hier eine Photokopie einzufügen. Für unsere Situation gab es keinen Präzedenzfall. Da half nur eins: Improvisieren.

Ich tippte also folgendes Papier:

AUSWEIS

ANITA LASKER

Die obengenannte ehemalige Gefangene aus dem KZ Belsen hat die Genehmigung, nach Brüssel zu fahren, um dort ihre Repatriierung zu vervollständigen. Sie hat sich bei der Britischen Passport Kontrolle im Britischen Kosulat in Brüssel zu melden. Sie reist unter der Obhut von Capt. Alexander.

gez. Capt Hunt.
12-27-45 HOHNE.

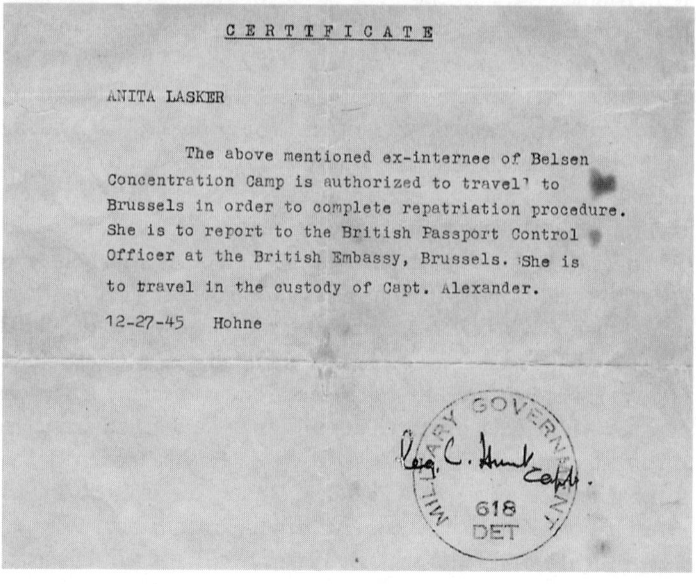

C E R T T F I C A T E

ANITA LASKER

The above mentioned ex-internee of Belsen Concentration Camp is authorized to travel' to Brussels in order to complete repatriation procedure. She is to report to the British Passport Control Officer at the British Embassy, Brussels. She is to travel in the custody of Capt. Alexander.

12-27-45 Hohne

MILITARY GOVERNMENT
618
DET

(Man nannte Belsen damals Hohne. Ich glaube, das ist auch heute noch der Fall.) Renate und ich gingen in unser Haus, um unsere Siebensachen zusammenzupacken, und unsere Freunde von dem Relief Unit übernahmen die Aufgabe, einen Stempel und eine Unterschrift zu organisieren. Die Stempel waren abgeschlossen, aber irgendwie muß es gelungen sein, Capt. Hunt aus der Party herauszulocken, der dann das Notwendige tat. Ich nehme an, daß er nicht mehr ganz nüchtern gewesen ist. Das fertige »Dokument« komplett mit Military-Government-Stempel und Unterschrift erschien jedenfalls einige Stunden später in unserem Dolmetscherhaus.

Wir waren auf alle Fälle begeistert von unserem Meisterwerk und einigermaßen zuversichtlich, daß es – mit ein bißchen Glück – auch seinen Zweck erfüllen würde. Wir wußten allerdings nicht, daß es Capt. Alexander überhaupt nicht interessierte, ob wir Papiere hatten. Er hatte seine eigenen Pläne, die er uns aber erst später verriet.

Mein Gepäck bestand aus dem alten grauen Schreibmaschinenkoffer und meinem Cello. Wir warteten auf Capt. Alexander. Wir verbrachten einige ziemlich nervenaufreibende Stunden an diesem Vormittag des 27. Dezember. Capt. Alexander hatte uns gesagt, daß er uns ganz früh abholen würde. Wir warteten und warteten ... und er kam nicht. Stunden vergingen. Wir fingen an zu glauben, daß wir dieses ganze Projekt geträumt hätten.

Endlich erschien er, mit ein paar vagen Entschuldigungen für die Verspätung. Er habe wohl ein bißchen zuviel getrunken und verschlafen.

Es war nun schon beinahe 12 Uhr. Wir stiegen in das Auto – ein Mercedes mit Chauffeur – und rollten stilvoll aus Belsen heraus.

Nicht ein Wort wurde über unsere Papiere verloren. Wir fuhren in Richtung Holland, und die Reise machte großen Spaß, bis wir an die Grenze kamen. Wir hielten an und wurden ersucht, unsere Papiere vorzuzeigen. Ich übergab dem holländischen Grenzbeamten dieses lächerliche Dokument und war eigentlich nicht zu überrascht, daß er uns nicht einfach durchließ. Wir wurden höflich gebeten, aus dem Wagen zu steigen und ihm zu folgen. Als wir in der Wachstube waren, sagte er uns, es täte ihm sehr leid, aber er könne uns leider nicht durchlassen. Displaced Persons hätten sich nur in Sammeltransporten fortzubewegen und dürften nicht in Privatwagen fahren. Das war der Moment, in dem Capt. Alexander ihm unser »Reisepapier« aus der Hand nahm. (Der Grenzbeamte war rangniedriger als Capt. Alexander.) Er sah sich den Ausweis an – zum ersten Mal, und ich muß es hier erwähnen: ohne mit der Wimper zu zucken – und fuhr den Beamten ziemlich unwirsch an: »Was ist denn damit los? Das ist doch vollkommen in Ordnung. Ich habe keine Zeit, mich hier lange aufzuhalten. Verbinden Sie mich sofort mit dem Hauptquartier!«

Jetzt zahlte es sich aus, daß Capt. Alexander uns so spät abgeholt hatte. Es war bereits 19 Uhr. Als die Verbindung mit dem Hauptquartier hergestellt war, befand sich nur noch ein »duty officer« (Wachhabender) dort. Capt. Alexander schrie ihn an, was ihnen eigentlich einfiele, ihn hier aufzuhalten. Was blieb dem armen Mann am anderen Ende der Strippe schon übrig, als sich zu entschuldigen und dem Grenzbeamten zu befehlen, uns durchzulassen?

Aufregende Momente. Ich hatte uns schon wieder in Belsen gesehen. Auf holländischem Boden angekommen, gingen wir in das erste Restaurant, das wir sahen, um uns erst mal von dem Schrecken zu erholen. Ich entschuldigte mich bei Capt. Alexander, daß ich seinen Namen auf dem Ausweis benützt hatte. Er lachte nur und sagte, daß es ihm schnurzegal sei, was für Papiere wir produziert hatten, und daß er diese ganze Scharade ganz einfach aus Spaß mitgemacht hätte. Wenn man uns nicht durchgelassen hätte, dann wären wir eben an einen anderen Grenzposten gefahren. In seiner Eigenschaft als Offizier, der für Kriegsverbrecher zuständig war, hätte er uns ganz einfach als seine Gefangenen ausgegeben, und niemand hätte das Recht gehabt, ihn oder uns zu verhören. Eine geniale Idee ... Doch es wäre zu absurd gewesen, den Kriegsverbrecher spielen zu müssen, um endlich unser »Vaterland« verlassen zu können.

Die nächste Grenze, zwischen Holland und Belgien, war ein Kinderspiel. Capt. Alexander zeigte seine Papiere, und das war alles. Es wurden keine weiteren Fragen gestellt.

ZWANGSAUFENTHALT IN BRÜSSEL

Als wir endlich in Brüssel ankamen, war es Mitternacht. Wo sollten wir übernachten? Capt. Alexander sagte, daß er eine alte Dame kenne, Freunde seiner Familie, die sicher bereit sei, uns aufzunehmen. Wir fanden das Haus und klingelten. Die Zeiten, wo das Läuten an der Haustür mitten in der Nacht einer der gefürchtetsten Momente im Leben war, lagen erst kurz zurück. Die Tür wurde vorsichtig geöffnet. Da stand eine ältere Dame, aufgeschreckt und nervös, und sah sich einer eigenartig aussehenden Versammlung von Menschen gegenüber, die sie ersuchten, Ex-Gefangenen aus Bergen-Belsen ein Nachtasyl zu gewähren. Das bloße Wort Belsen war synonym mit Läusen und Gott weiß was für Krankheiten. Was sollte sie tun? Begeistert war sie nicht, aber Menschen wie uns konnte man auch nicht abweisen. Wie bedrohend auch immer unsere Gegenwart war, die arme Frau mußte uns hereinlassen. Es war wirklich eine höchst unangenehme Situation für alle Beteiligten. Gott sei Dank hatten wir genug Humor, um es ihr nicht übelzunehmen, daß sie schnell alle Kissen wegräumte, als sie uns schließlich in ihr Wohnzimmer ließ. Offensichtlich dachte sie, daß wir Läuse einschleppten. Wir durften uns nur in einem kleinen Waschbecken auf der Toilette waschen. Aber wen kümmert schon so ein Detail! Wir hatten ein Dach über dem Kopf. Capt. Alexanders Mission war erfüllt, er verabschiedete sich herzlich von uns und ging seinen eigenen Angelegenheiten nach.

Die erste Phase war abgeschlossen. Wir befanden uns in Brüssel.

Die nackte Realität, daß wir völlig allein waren, keinen Pfennig Geld hatten und unser Aufenthalt in Belgien illegal war, störte uns nicht – man lebte in diesen Tagen von einer Minute zur nächsten. Das einzige, was wir hatten, war die Adresse von Hélène, der großen Hélène von der Lagerkapelle: Nr. 6, rue de la Forge. Ich weiß die Adresse noch heute. Wir beschlossen, daß Renate in der Wohnung bleiben sollte und ich mich auf den Weg machen würde, um Hélènes

Haus zu finden, zu Fuß natürlich, denn Geld hatten wir keines. Wie dankbar war ich wieder meinem Vater, daß er darauf bestanden hatte, daß wir Französisch sprachen. Nach einer kleinen Odyssee durch die Straßen von Brüssel gelang es mir, die Rue de la Forge zu finden.

Ich klingelte, und Hélène machte die Tür auf. Ich wurde mit offenen Armen empfangen. Sie hatte nach der Entlassung aus Belsen ihre Eltern wiedergefunden. Es war ihnen gelungen, sich zu verstecken und zu überleben. Ihr Sohn, Hélènes kleiner Bruder, aber war im Lager umgekommen.

Es gab nicht einen Moment des Zögerns. Selbstverständlich könnten wir bei ihnen bleiben, obwohl sie nur eine winzige Wohnung hatten! Wir holten zusammen Renate ab, bedankten uns bei der alten Dame für ihre »Gastfreundschaft« und kehrten in die Rue de la Forge zurück. Da tatsächlich nicht genug Platz war, auch Renate noch unterzubringen, gingen wir zu Fanny, die in der Kapelle Mandoline gespielt hatte. Renate wurde dort mit der gleichen Selbstverständlichkeit aufgenommen.

Der nächste Schritt war die Britische Botschaft, die wir am nächsten Morgen aufsuchten, voller Zuversicht, daß es sich jetzt nur noch um Formalitäten handeln könnte, bis wir das magische Papier für die Ausreise nach England *endlich* in Händen hielten. Es kam anders.

Wir merkten sofort, daß etwas nicht stimmte. Irgendwie hatten wir das Gefühl, daß wir erwartet wurden. Aber das war kaum möglich, wenn man bedenkt, in welch unorthodoxer Art und Weise wir in Brüssel angekommen waren. Man behandelte uns mit äußerster Höflichkeit und bat uns, Platz zu nehmen. Der Mann hinter dem Schreibtisch hatte einen Brief vor sich liegen und begann uns Fragen zu stellen: nach unseren Zukunftsplänen, über unsere Familie usw. Ab und zu blickte er auf den Brief vor ihm. Während der Befragung versuchte ich natürlich, den Brief zu entziffern. Mir fielen beinahe die Augen aus dem Kopf, denn ich sah den Namen meines Onkels: EDWARD LASKER. Das genügte. Ich verstand sofort, worum es ging. Es gab also doch den Verwandten irgendwo anders auf der Welt. Wir verstießen damit gegen eine der Bedingungen für die Einreise nach England. Der Mann hinter dem Schreibtisch fragte pflichtgemäß: »Sie haben also keine Verwandten außerhalb Englands?« Und wir antworteten: »Nein, wir haben niemanden.« Dann kam die gefürchtete Frage: »Und wie ist es mit Ihrem Onkel Edward Lasker aus New York, dem bekannten Schachmeister?« Das war das Stichwort. Wir begannen eine geradezu endlose Tirade gegen den armen Onkel loszulassen: Was der für ein unzuverlässiger Mensch sei. Wir zählten ihn nicht mehr zur Familie, und er habe sich niemals um uns gekümmert. Armer Eduard. Wir verleumdeten ihn erbarmungslos. (Während sich diese Komödie abspielte, bemühte er sich, uns ein Affidavit zu verschaffen. Nur wollten wir keinesfalls nach Amerika.) Eduards Name tauchte auf, weil Capt. Powell, der sich nach der Befreiung so rührend um uns gekümmert hatte, einen Brief an die Britische Botschaft geschrieben hatte. Darin kündigte er unsere bevorstehende Ankunft an und bat, man möge uns gut behandeln. Wir seien nette Mädchen aus guter Familie und nebenbei die Nichten des berühmten Schachmeisters Edward Lasker. Guter, lieber Capt. Powell! Er konnte nicht ahnen, daß sein Brief unseren Fall nur noch komplizierter machte. Die bittere Wirklichkeit war aber: Der Beamte durfte uns die notwendigen Papiere nicht ausstellen. WE DID NOT QUALIFY. Er entschuldigte sich und sagte, daß weitere Nachforschungen angestellt werden müßten. Er würde uns von der Entscheidung benachrichtigen. Da saßen wir wieder: ohne Geld, ohne Papiere und so gut wie obdachlos – in Brüssel. Es war wirklich zum Verrücktwerden. Da war man schon so nahe am Ziel, und wieder gab es scheinbar unüberwindbare Schwierigkeiten. Wir informierten unsere Familie in England von diesem letzten Fiasko und schrieben einen Brief an Eduard. Wir erklärten ihm alles, was da vorgefallen war, und erzählten ihm, was für skandalöse Verleumdungen wir über ihn losgelassen hatten. Wir baten ihn, uns zu verzeihen und wenn möglich zu bestätigen, daß es sich tatsächlich so verhielt, wie wir gesagt hatten.

Eduard hat sehr gut verstanden, warum wir lieber nach England gehen wollten. Er war kein Spielverderber, war uns nicht böse und hat phantastisch reagiert. Er tat alles Notwendige. (Vielleicht war er sogar ein wenig erleichtert, nicht die Verantwortung für uns übernehmen zu müssen.)

Ich schrieb an Helli in London:

Brüssel, 25.1.46

Helli Helli,

was ich befürchtet habe, ohne es jemals auszusprechen zu wagen, ist eingetroffen!!! Wir sind auf dem Gipfelpunkt der Verzweiflung. Visum refused, because of existance of an uncle in America!!!! Oh Helli, ich kann Dir gar nicht sagen, wie uns zu Mute ist. Und all das ist einzig und allein Taffy's [Capt. Powells] Fehler. Hätte er diesen höchst überflüssigen Brief nicht geschrieben, hätten wir right away das Visum bekommen und wären Montag abend bereits in London gewesen. Was ist zu tun? Nunmehr fallen wir nicht mehr unter die Regulations ›of people who have no relatives elsewhere than in the U.K.‹ Auf dem Konsulat fragte man uns über diesen Onkel aus, und wir sagten, daß er uralt, weit über 60 Jahre ist und uns überhaupt nicht kennt und kein Geld hat und keinerlei Absicht, uns zu helfen (...) Gott gebe, daß das Home Office nichts von Onkel Eduards Willen, uns zu helfen, weiß. In diesem Falle wären wir aufgeschmissen (...) Bitte sofort Gordon Walker zu kontaktieren und von Euch aus nochmals alles beim Home Office zu versuchen, denn bis der Brit. Konsul hier eine Antwort bekommt, können noch einmal Ewigkeiten vergehen, und unsere Nerven sind wirklich auf Hochspannung. Bitte gebt schnellstmöglich die nötigen Instruktionen an uncle Edward. Wenn es auch vielleicht nicht ganz angenehm ist, aber er muß sich bereit erklären, auf irgendwelche Anfragen hin zu antworten, daß er uns nicht helfen will noch kann (...) Es ist so idiotisch, so nahe am Ziel zu sein und dann so eine Abfuhr zu erleben. Wir sind wie vor den Kopf gestoßen (...) Was für eine verdammte mess. We are really desperate. Please send us a cable when you get this letter, so that we know you are doing something about it (...) Ich verfluche the whole world with it's bloody regulations (...)

Yours ever, Anita

Jetzt folgte die zweite nervenaufreibende Warteperiode, während unsere Freunde und Verwandten das Home Office bestürmten.

An dieser Stelle muß ich eine Lobeshymne auf die UNRRA singen. Wir hatten nicht einen Pfennig Geld und keine Lebensmittelkarten, die man damals auch in Belgien brauchte. Wir waren illegal ins Land gekommen. Wir hatten ein Bett zum Schlafen (in meinem Falle nur ein halbes Bett, denn ich teilte es mit Hélène). Leider aber braucht man mehr als ein Bett, um zu existieren. In unserer Not gingen wir zum Bureau der UNRRA. Man gab uns ohne jedes Zögern provisorische Ausweise sowie Lebensmittelkarten und etwas Geld. Vagabunden wie wir waren damals keine Seltenheit. Niemand war von unserer Situation überrascht. Wir hatten gerade genug Geld, um auszukommen, und Helli schickte uns ab und zu eine Pfundnote in einem Brief, die wir dann in belgisches Geld umtauschen konnten. Die Zeit verging, und immer noch hatten wir keine Nachrichten, wie es um unsere Chancen stand, den Ärmelkanal zu überqueren. Vom Home Office kein Wort. Wir mußten uns beschäftigen, um nicht verrückt zu werden. Es hat drei Monate gedauert, bis das Home Office endlich nachgegeben hat.

Durch Hélène, die wieder am Konservatorium studierte, lernte ich viele junge Musikstudenten kennen. Ich ging sehr viel in Konzerte, manchmal zweimal am Tag. All das war mit Hilfe der Studenten möglich. Ich hatte Freikarten oder zahlte ein Minimum. Ich war ausgehungert nach Musik.

Es wurde mehr und mehr klar, daß sich unser Aufenthalt in Brüssel ausdehnen würde. Wieder ging ich zur UNRRA, und wieder bekam ich Hilfe. Ich hatte einen Cellolehrer ausfindig gemacht und fing an, Stunden zu nehmen. Wir mußten auch unbedingt eine andere Unterkunft finden, denn man kann die Gastfreundschaft von Freunden nicht endlos ausnutzen. Wenn wir etwas Geeignetes finden, sollten wir es sie wissen lassen, sagten die UNRRA-Leute, ihre Organisation würde dann zahlen. Die Suche nach einem Zimmer erwies sich als sehr viel schwieriger, als wir angenommen hatten. Wir klingelten an vielen Türen von Häusern, in denen Zimmer zu vermieten waren, und immer wurden wir von den potentiellen Vermietern argwöhnisch gemustert. Sie fragten, ob unsere Eltern denn wüßten, daß wir eine Wohnung suchten. Welch eine Ironie ... Hätten unsere Eltern damals noch gelebt, wie glücklich wären sie gewesen, zu wissen, daß wir noch dazu in der Lage waren, eine Wohnung zu suchen!

Aber im Grunde war es ja verständlich, wir sahen so jung aus (und waren es auch), und man hielt uns eher für Ausreißer von zu Hause als für ernsthafte Mieter. Nach langer Suche fanden wir endlich einen Vermieter, der uns glaubte, und wir bezogen ein sehr nettes Zimmer unter dem Dach in der Rue de la Victoire. Es gab sehr strenge Regeln: Keine Besucher, und ich glaube, wir mußten auch zu bestimmten Zeiten zu Hause sein. Das war uns ganz egal. Wir waren glücklich, nicht mehr die Gastfreundschaft unserer Freunde ausnutzen zu müssen.

Brüssel, 14.2.46

Geliebte Helli,

(...) wir haben ein Zimmer!!! Nach dem abenteuerlichsten Rumsausen haben wir durch puren Zufall den unheimlichsten bargain getroffen, den man sich vorstellen kann. Man bot uns durchschnittlich Zimmer für ca. 1500–2000 frs an. Immer als man mir den Preis nannte, bin ich innerlich erblaßt, habe aber nach außen hin so getan, als ob 2000 frs eine Bagatelle wäre. (Leute in meiner Position ... ich bitte Sie!) Habe aber eilends das Weite gesucht. Lange Rede kurzer Sinn: ab morgen sind wir Herren eines Mansarden-Zimmers, schlicht und einfach und geräumig, mit dem notwendigen Mobiliar, einem kleinen Gaskocher. Kostenpunkt: 300 frs. So etwas kann man in ganz Brüssel noch einmal suchen! Unser Wirt ist ein netter Mann. Ich habe ihn heute schonend auf das Cello vorbereitet. Er persönlich hat nichts dagegen (...) aber vielleicht die anderen Mieter (...) Es ist dies ein Problem von allergrößter Tragweite, denn ich habe im Moment das feu sacré im Popo, und da, wo ich die letzten Tage ungestört geübt habe, fing man heute auch schon an zu klopfen, und ich bin recht verzweifelt mit meinem Cellobaby unterm Arm durch die Straßen Brüssels gezogen. Nun ist meine letzte Hoffnung die Toleranz meiner neuen Mitbewohner. Wenn nicht, bringe ich es fertig und setze mich à la Gare du Nord, um zu üben (...) Unsere neue Adresse ist 115, rue de la Victoire (...) Renate wird weiterhin bei Bekannten mittagessen, Frühstück werden wir uns selbst machen, und ich esse schon seit einigen Tagen mittags in einem Restaurant eines Kaufhauses für den Spottpreis von 6.50 frs durchaus anständig und werde das beibehalten. Zum Abendbrot geht Renate wieder zu anderen Bekannten (...) Wenn man mich nur in Ruhe üben lassen würde, wäre es auszuhalten (...)

Lots of love (...) Anita

Brüssel, 17.2.46

(...) wir zogen Freitag in unser neues Palais ein, und als wir ankamen, erwartete uns bereits das ganze Haus mit Spannung und Aufregung, weniger betreffs unserer Persönlichkeit als betreffs des fluchwürdigen Cellos. Kurzum, ich hatte meinen vor Angst zitternden Gegenübers hoch und heilig zu beschwören, NIEMALS zu üben. Recht angenehme Überraschung, aber was kann man schon tun. Ich beschwor es, vor Wut knirschend, und bezog leise weinend das 300-frs-Gemach. Nächsten Morgen ging ich wie üblich zu meinen Bekannten zum Üben (...)

Anita

Das nächste Problem war also, einen Platz zu finden, wo ich üben konnte. Bei Hélène ging es nicht, denn sie übte selbst. Ich erinnere mich, daß ich versuchte bei anderen Freunden im Haus zu üben. Das Resultat war immer dasselbe: Die Nachbarn beschwerten sich. (Ich kann es ihnen eigentlich nicht verübeln!)

Die Lösung kam, als mir jemand riet, zu versuchen, dem Universitätsorchester beizutreten. Die brauchten immer Cellisten und würden mich womöglich mit offenen Armen aufnehmen. Vielleicht würde sich auch eine Ecke irgendwo in der Universität finden, wo ich meine erbärmlichen Geräusche machen konnte.

Ich folgte diesem Rat, ging zur Universität, wurde an den zuständigen Professor verwiesen, einen gewissen M. Dufrasne. Er war Chemiker und gleichzeitig Dirigent dieses Orchesters, und tatsächlich war er begeistert, einen zusätzlichen Cellisten zu bekommen, auch wenn er nicht der Universität angehörte. Er verstand mein Problem vollständig und wies mir einen winzigen fensterlosen Raum im Keller an. Er meinte, ich würde dort niemanden stören und auch von niemandem gestört werden.

Ich schrieb an Helli:

> (...) Seit gestern bin ich Mitglied des Orchestre Symphonique de l'Université Libre de Bruxelles. (Vorausgesetzt, daß Herr Dufrasne mich nach dem ersten Versuch nicht wieder rausschmeißt.) The main point ist, ich darf auf der Cité Universitaire üben, nach Herzenslust und bis mir der Atem ausgeht (...) Wenn ich will, kann ich schon um 8 Uhr früh anfangen, und das einzige was mir passieren kann, ist, daß jemand anderes für eine Weile üben will, denn es ist ein Klavier in dem Zimmer – oder besser gesagt der Zelle, denn es erinnert stark an Gefängnis (...)

Ich war überglücklich, bestieg jeden Morgen die Straßenbahn (die 16 barré) am Kaufhaus Bon Marché und fuhr zur Universität. Alles ging eine Zeitlang sehr gut. Ich mühte mich tagsüber in meinem luftlosen Keller mit dem Üben ab und nahm abends an den Orchesterproben teil. Das Leben hatte wieder einen Sinn. Dann fingen die Unannehmlichkeiten an: Es müssen wohl Semesterferien gewesen sein, als ich mit meiner Überei begann. Tatsächlich hatte ich nicht viele Studenten gesehen, als ich mich dort installierte. Plötzlich öffnete sich ständig die Tür zu meinem »Kerker«: Was ich mir denn eigentlich dabei dächte, hier Cello zu üben! Es stellte sich heraus, daß dieses Kellerzimmer zum Schmusen und derlei Zeitvertreib genutzt wurde. Ich und mein Cello waren dort unerwünscht. Wir müssen irgendeinen Kompromiß gefunden haben, denn ich erinnere mich nicht, meinen Posten verlassen zu haben.

Das Leben in Brüssel begann mir Spaß zu machen. Ich hatte viele Freunde, und ich wurde langsam wieder jünger. Unvergeßlich ist mir, wie wir eines Tages einen Geldschein im Rinnstein fanden. Wir konnten unser Glück nicht fassen: vermutlich eine lächerliche Summe, aber uns schien sie ein Vermögen. Was mit dem Reichtum anfangen? Wir setzten die Summe in eine Riesenmenge Eiscrème um.

Orchestre Symphonique de l'U. L. B.

Salle de la Cité Universitaire

22, Avenue Paul Heger

BRUXELLES

VENDREDI 1er MARS 1946

A 20 HEURES

Concert

15/3/46

donné avec le concours de

Saintpol Hou

PIANISTE

orchestre sous la direction de Georges Dufrasne

DIE ÜBERFAHRT NACH ENGLAND

Endlich, endlich kam der ersehnte Moment! Wir wurden zur British Embassy bestellt. Derselbe Mann, der uns drei Monate zuvor das Visum nach England verweigert hatte, empfing uns mit einem breiten Grinsen: Es sei jetzt alles in Ordnung, wir könnten losfahren!

Ich weiß heute nicht mehr, wie wir reagierten. Wahrscheinlich sind wir ihm um den Hals gefallen. Jetzt brauchten wir nur noch die Fahrkarten, und wieder kam UNRRA zu Hilfe. Sie gab uns das Geld, das später wohl von meinen Verwandten in London zurückgezahlt worden ist. Wir fuhren nach Ostende, begleitet von allen Freunden, die mitkommen konnten, nahmen Abschied und bestiegen das Schiff. Es war der 18. März 1946.

Renate und ich saßen auf Deck und warteten, daß das Schiff losfuhr. Plötzlich hörten wir unsere Namen durch den Lautsprecher. Uns blieb das Herz stehen. Die Ansage wurde wiederholt: »Die Passagiere Renate und Anita Lasker sollen sich bitte beim Kapitän melden.« Wir waren wie gelähmt vor Angst. Was hatte das zu bedeuten? War wieder irgend etwas mit unseren Papieren nicht in Ordnung?

Wir beschlossen, die Ansage zu ignorieren und uns nicht vom Platz zu rühren, bevor nicht ein großer Abstand zwischen Schiff und Festland erreicht war. Das Schiff setzte sich in Bewegung. Als wir weit genug vom Land entfernt waren, begaben wir uns zum Kapitän.

Wir hätten uns keine Sorgen machen müssen. Der Kapitän wollte uns nur sagen, daß er gehört habe, zwei Ex-Belsen-Gefangene seien auf dem Schiff. Er wollte uns willkommen heißen. Er würde uns helfen, wenn Schwierigkeiten bei der Einreise aufträten.

Wir waren sprachlos. An einfache menschliche Güte und Freundlichkeit waren wir nicht gewöhnt. Wir nahmen dies als ein gutes Omen für das neue Kapitel unseres Lebens und überquerten den Ärmelkanal voll Hoffnung in unseren Herzen.

Bei der »Immigration« gab es keine Schwierigkeiten. Es wurden uns allerdings Papiere ausgestellt, auf denen die charmanten Worte ENEMY ALIEN (feindlicher Ausländer) gedruckt waren. Man stelle sich das vor! Nach allem, was wir mitgemacht hatten, hat man uns als »Feinde« klassifiziert. Daß wir die Feinde der Feinde waren, das war zuviel für den Verstand eines gewöhnlichen englischen Beamten, und ich war es mehr als leid, immer wieder zu erklären, wer ich war, was ich durchgemacht hatte, und obwohl in Deutschland geboren ...

Jack – mein englischer Vetter, in dessen Haus wir dann lebten – war so aufgebracht, daß er schon am nächsten Tag zum »Aliens Department« stürmte, um zu protestieren. Mit vielen Entschuldigungen wurde dann das Wort ENEMY von unserem Ausweis gestrichen.

Unser neues Leben begann im März 1946. Nicht alles war unbedingt rosig, aber es war der Anfang von »Normalität« und dem Prozeß, sich wieder irgendwie anzupassen. Wir hatten jahrelang in einem Dschungel gelebt, in dem physisches Überleben das Hauptziel war. Wir hatten viel zu lernen und *wieder* zu lernen. Vieles habe ich nicht wieder gelernt.

Das bringt mich zurück zum Anfang dieser Erzählung: »Überlebende« sind eine Rasse für sich. Wie komplett auch die Integration in die Normalität sein mag, es verbleibt immer ein unantastbares Gebiet, das der Alleinbesitz derer ist, die auf unerklärliche Weise verschont geblieben sind.

Es gibt keine Worte, die auch nur annähernd dem Wahnsinn der damaligen Zeit nahekommen können. Eine Kultur wurde im Namen der »Rassenhygiene« zerstört. Meine eigene Geschichte hat ein »happy end«, im Gegensatz zu der von Millionen anderen, deren Existenz ausgelöscht wurde. Sie haben keine Gräber, die bezeugen könnten, daß sie jemals gelebt haben. Wie leicht ist es demnach, zu leugnen, daß sie überhaupt existiert haben. Ihre Geschichten werden niemals erzählt werden. Die Millionen von Ermordeten verlassen sich auf die Überlebenden, Zeuge ihrer Existenz zu sein. In kleinem Maße hilft es, das Schuldgefühl zu verringern, das auf vielen von uns, die wir überlebt haben, lastet.

Leider ist es nach wie vor ungemein wichtig, sich immer wieder vor Augen zu halten, wie hauchdünn die Trennungslinie ist zwischen Menschenwürde und Barbarei.

Es war mir nicht vergönnt, viel Zeit mit meiner Schwester Marianne zu verbringen. Sie hatte England verlassen, noch bevor wir dort ankamen. Ich bin nur zweimal mit ihr zusammengetroffen: Das erste Mal, als sie nach England zurückkehrte, um dort längere Zeit zu bleiben. Sie war aber gezwungen, sehr bald wieder abzufahren, denn das Home Office verweigerte ihr einen längeren Aufenthalt. Einige Zeit darauf besuchte ich sie in Israel. Tragischerweise starb sie bei der Geburt ihres zweiten Kindes. Welche Ironie des Schicksals!

Ich habe niemals bedauert, nach England gegangen zu sein. England ist jetzt meine Heimat. Aber das ist eine andere Geschichte.

ANHANG

Aus dem offiziellen Protokoll der Britischen Regierung des Prozesses in Lüneburg (ref. WO 235/14, Crown Copyright)

Anita Lasker wird in den Zeugenstand gerufen.

The Judge Advocate [Kriegsgerichtsrat]: Die Zeugin Anita Lasker gibt an, sie ist eine deutsche Jüdin und wird in englischer Sprache aussagen. Sie legt den Eid auf die jüdische Bibel ab.

Anita Lasker wird vereidigt. Sie wird von *Col Backhouse* wie folgt befragt:

Frage: Ihren vollen Namen bitte?

Antwort: Anita Lasker.

F: Wo haben Sie bis zu Ihrer Verhaftung gewohnt?

A: In Breslau, Straße der SA 69.

F: Wurden Sie nach Ihrer Verhaftung nach Auschwitz gebracht?

A: Nein, ich war im Gefängnis gewesen.

F: Wann gingen Sie nach Auschwitz?

A: Ich war eineinhalb Jahre im Gefängnis und ging von da nach Auschwitz.

F: Wann war das?

A: Im Dezember 1943.

F: Warum waren Sie im Gefängnis?

A: Ich wurde als politischer Häftling geführt.

F: In welchem Block lebten Sie, als Sie nach Auschwitz kamen?

A: Ich lebte in Block 12, mit der Kapelle.

F: Haben Sie Selektionen für die Gaskammer gesehen?

A: Ja, ich habe viele Selektionen gesehen.

F: Auch Selektionen im Krankenhaus?

A: Ja, eine.

F: Wer führte die Selektion durch, die Sie im Krankenhaus gesehen haben?

A: Hössler und Dr. Klein.

F: Wie wurde die Selektion durchgeführt?

A: Die Kranken mußten aus ihren Betten aufstehen und an ein paar SS-Leuten vorbeigehen. Unter diesen waren Hössler und

Dr. Klein. Diejenigen, die nicht kräftig genug aussahen, wurden auf eine Seite geschickt und die, die weiterleben konnten, auf die andere. Nach ein paar Tagen kamen die Lastwagen und holten die selektierten Leute ab und brachten sie in einen anderen Block, Block 25.

F: Wie kommt es, daß Sie so viele Selektionen gesehen haben?

A: Ich spielte im Lagerorchester, und wir mußten am Tor spielen. Das Tor lag genau gegenüber der Eisenbahnstation. Dort kamen die Transporte an, und wir konnten alles beobachten. Der Transport kam an, die SS führte die Selektionen durch, und wir waren nur knapp fünfzig Meter entfernt.

F: War allgemein bekannt, wozu die Selektionen dienten, oder nicht?

A: Es war allgemein bekannt, wozu die Selektionen dienten.

F: War die Existenz der Gaskammern im Lager bekannt?

A: Ja.

F: Wer war der Kommandant des Lagers?

A: Kramer.

F: Haben Sie ihn bei Selektionen gesehen?

A: Ja.

F: Was tat er dabei?

A: Er stand bei den Leuten und zeigte den Leuten, die ins Lager gehen konnten, wohin sie gehen sollten, und den anderen, wohin sie in die Gaskammer gehen sollten.

F: Erinnern Sie sich, daß Ungarn ins Lager kamen?

A: Ja.

F: Wann war das?

A: Das war 1944; es begann etwa im Mai 1944.

F: Was ist mit ihnen geschehen?

A: Es kamen so viele Leute ins Lager, daß fast jede Nacht eine Schlange vor dem Krematorium stand und wartete. Die meisten kamen in die Gaskammer.

F: Was machte man mit den Leichen?

A: Ich habe gesehen, als diese Transporte zum Krematorium kamen, war es nicht groß genug, und sie machten deshalb große Feuerstellen neben dem Krematorium. Ich habe beobachtet, wie sie Leichen in diese Feuerstellen warfen.

F: Wurden Sie schließlich nach Belsen gebracht?

A: Ich wurde im November 1944 nach Belsen gebracht.

F: Wie fanden Sie Belsen vor, als Sie ankamen?

A: Als ich nach Belsen kam, gab es nur Zelte mit sehr wenig Menschen. Es waren noch keine Hütten gebaut worden.

F: Wie waren die Lebensbedingungen?

A: Die Lebensbedingungen waren sehr schlecht, denn es war Winter. Es war sehr kalt, und die Zelte waren nicht dicht. Es regnete, und das Wasser lief in die Zelte. Wir mußten uns im Freien waschen, wenn es überhaupt Wasser gab – das gab es nur ungefähr eine halbe Stunde am Tag. Es war sehr kalt, und wir alle fühlten uns krank.

F: Wer war damals der Kommandant? Wissen Sie das?

A: Das weiß ich nicht. Ich habe ihn sehr selten gesehen, und er verließ das Lager bald. Seinen Namen habe ich nie gehört.

F: Wie hat sich die SS Ihnen gegenüber verhalten?

A: Wir haben meistens einen oder zwei Blockführer gesehen. Sie hatten Stöcke, mit denen sie uns schlugen, um die Ordnung aufrechtzuerhalten.

F: Gab es Appelle?

A: Am Anfang selten. Die Appelle begannen erst, als Kramer ins Lager kam. Dann fanden jeden Tag Appelle statt.

F: Wann ungefähr kam Kramer?

A: Er kam ungefähr im Dezember 1944.

F: Gab es dadurch Veränderungen in den Lebensbedingungen?

A: Ja, denn als er kam, begann er mit den Appellen, und wir mußten stundenlang stehen, im Winter, und er führte die Lagerordnung von Auschwitz ein, die Schläge bedeutete und sehr strenge Disziplin.

F: Sie sprechen von der »Lagerordnung von Auschwitz«. Wie waren die Lebensbedingungen in Auschwitz, außer den Gaskammern?

A: Es gab eine sehr strenge Disziplin in Auschwitz, und während eines Appells mußte jeder anwesend sein. Die Kranken mußten aus den Baracken und in der Kälte stehen.

F: Sie sagen, die Bedingungen haben sich nach Kramers Ankunft verschlechtert, doch was geschah gegen Ende, kurz bevor die britischen Truppen eintrafen? Gab es dadurch Veränderungen?

A: Ja. Ein paar Tage bevor sie kamen, fingen die SS-Leute an, Armbinden mit dem Rote-Kreuz-Zeichen zu tragen. Und Dr. Klein erzählte uns, er würde die Leute behandeln, und alle müßten sehr gut zu den Kranken sein, aber niemand hat ihm geglaubt, weil wir ihn aus Auschwitz kannten. Er hatte offenbar Angst.

F: Machte sich das Nahen der britischen Truppen auch bei den SS-Frauen bemerkbar?

A: Ja. Irma Grese zum Beispiel sagte mir ein paar Tage vor der Befreiung, wir müßten jetzt sehr stark sein. »Es wird bald zu Ende sein, und dann werden wir befreit.« Sie hat offenbar versucht, sich unter uns zu mischen.

F: Wie hatten sich die SS-Frauen vorher benommen?

A: Sie haben sich sehr schlecht benommen. Zum Beispiel weiß ich, daß Irma Grese immer eine Pistole oder eine Peitsche trug, und wie die anderen hat sie geschlagen und sich sehr übel benommen.

F: Können Sie bitte vor die Richterbank treten und die Gefangenen auf der Anklagebank ansehen? Bitte sagen Sie uns, wen Sie davon erkennen und wer sie sind. (*Die Zeugin tut dies.*)

A: Nr. 1 ist Kramer; Nr. 2 ist Dr. Klein; Nr. 5 ist Hössler; Nr. 6 ist Bormann; Nr. 7 ist Volkenrath; Nr. 8 ist Ehlert oder Elase – ich bin nicht ganz sicher, wer von beiden; Nr. 9 ist Grese; ich kenne Nr. 10, weiß aber ihren Namen nicht; ich kenne Nr. 11, Hilde; Nr. 40 (Gertrude Fiest), ich weiß ihren Namen nicht; Nr. 41 (Gertrude Sauer), ich weiß ihren Namen nicht; ich erkenne Nr. 46, Kopper; und ich erkenne Nr. 48, Stania.

F: Über Kramer, Klein und Hössler haben Sie schon gesprochen. Was können Sie uns über Nr. 6, Bormann, sagen?

A: Bormann hatte immer einen Hund bei sich. Wenn sie ins Lager kam, hatten wir immer große Angst. Ich habe nie gesehen, daß sie etwas getan hat, aber ich weiß, daß wir allen Grund hatten, uns vor ihr zu fürchten.

F: Nr. 7, Volkenrath; was wissen Sie über sie?

A: Sie war Lagerkommandantin in Belsen. Ich habe nicht gesehen, wie sie jemanden schlug, aber sie gehörte zu denen, die für die Bedingungen im Lager verantwortlich waren.

F: Haben Sie sie je in Auschwitz gesehen?

A: Ja.

F: Welche Funktion hatte sie in Auschwitz?

A: Als ich dort war, arbeitete sie im Paketelager; das war der Ort, an dem alle Pakete ankamen.

F: Die nächste, die Sie erkannt haben, ist Nr. 8 (Herta Ehlert).

A: Sie war stellvertetende Kommandantin. Sie hat in Belsen mit Volkenrath zusammengearbeitet.

F: Wie hat sie sich den Häftlingen gegenüber benommen?

A: Ich habe nie gesehen, wie sie jemanden schlug, aber sie stand immer am Tor und suchte nach Leuten, die etwas bei sich trugen, was verboten war. Sie hat ihre Arbeit sehr gut gemacht. Sie war die rechte Hand von Volkenrath.

F: Was wissen Sie über Grese, Nr. 9?

A: Ich weiß, daß sie in Auschwitz eine Pistole und in Belsen eine Peitsche trug, und ich habe gehört, daß sie oft geschossen hat, aber das habe ich nicht gesehen.

F: Was wissen Sie über Nr. 10 (Ilse Lothe)?

A: Ich weiß nichts über sie und glaube nicht, daß sie es verdient, unter diesen Verbrechern hier zu sitzen.

F: Nr. 11 (Hilde Lobauer)?

A: Ich kenne sie. Ich weiß, daß sie mit der SS kollaboriert hat.

F: Und Nr. 40 (Gertrude Fiest)?

A: Ich habe gesehen, wie sie Menschen mißhandelt hat, wenn sie aus Hunger Steckrüben zu stehlen versuchten. Sie ließ sie in den Schnee knien und die Rüben aufessen, so dreckig, wie sie waren. Dabei schlug sie sie zusammen.

The Judge Advovate: War das in Belsen oder in Auschwitz?

A: In Belsen.

Col Backhouse: Nr. 41 (Gertrude Sauer)?

A: Ich habe sehr oft gesehen, wie sie Leute mit der Peitsche schlug. Sie hatte die Küche unter sich; wenn sie Leute erwischte, die Steckrüben stahlen, schlug sie sie.

F: Nr. 46, Kopper?

A: Ich habe sie oft in Auschwitz gesehen. Sie war als die Lagerspionin bekannt. Alle hatten Angst vor ihr.

F: Haben Sie sie auch in Belsen gesehen?

A: Sie war da, aber ich habe sie nicht gesehen. Ich weiß nur, daß sie dort war.

F: Und Nr. 48 (Stanislawa Staroska)?

A: Sie war die Lagerälteste in Auschwitz und auch Belsen. Jeder wußte, daß sie mit der SS kollaborierte, und wir hatten oft noch viel mehr Angst vor ihr als vor der SS.

F: Wie hat sie sich anderen Häftlingen gegenüber benommen?

A: Sie war sehr streng, und die Leute hatten Angst, sie überhaupt nur anzusprechen. Sie war wie die SS.

F: Was hat sie getan?

A: Wenn sie zum Beispiel gesehen hat, daß man etwas Verbotenes tat – mit Männern redete oder so etwas –, dann hat sie einen sofort bei der SS denunziert.

Kreuzverhör von *Major Winwood:*

F: Gab es ein Orchester in Belsen?

A: Nein, nur in Auschwitz.

Major Munro: Kein Kreuzverhör.

Kreuzverhör von *Major Cranfield*:

F: Sind Sie selbst in Auschwitz zum Krematorium gegangen?

A: Ich bin einmal vorbeigegangen.

F: Haben Sie von dem Sonderkommando in Auschwitz gehört?

A: Ja.

F: War das vom Rest des Lagerpersonals getrennt untergebracht?

A: Sie hatten einen besonderen Block, aber sie wurden nicht von den anderen getrennt. Sie hatten einfach ihren eigenen Block.

F: Bevor die britischen Truppen eintrafen, hat sich da nicht eine Anzahl SS-Leute abgesetzt?

A: Ja.

F: Können Sie ungefähr sagen, wie viele?

A: Das kann ich nicht, aber es waren sehr viele.

F: Mehr als die Hälfte?

A: Ich glaube, ja.

F: Hielt die anderen etwas davon ab, sich ebenfalls abzusetzen?

A: Darüber weiß ich nichts. Ich glaube, ja, denn ich habe gehört, daß ein paar SS-Leute, die gegangen waren, wiedergekommen sind, und wir hörten, daß sie nicht weitergekommen waren, weil sie irgend etwas aufgehalten hat, aber Genaueres haben wir nie erfahren.

F: Sind Sie in Belsen je geschlagen worden?

A Ja.

F: Sind Sie auch in Auschwitz geschlagen worden?

A: Ja, ebenfalls.

F: Warum sind Sie geschlagen worden?

A: In Auschwitz gab es keinen Grund. Wir verließen Auschwitz, um nach Belsen zu gehen, und waren im Badehaus gewesen, und eine der SS-Frauen schlug uns ohne jeden Grund mit einem großen Stock. In Belsen bin ich einmal zu spät gekommen, und ein SS-Mann hat mich geschlagen.

F: Ich möchte Sie bitten, sich zu erinnern, wo Sie die schlimmsten Schläge bekommen haben, in Auschwitz oder in Belsen?

A: In Belsen.

F: Womit wurden Sie geschlagen?

A: Mit einem Holzstock.

F: War das ein Spazierstock?

A: Nein. Einfach ein Stock.

F: Sind Sie daraufhin ins Krankenhaus gegangen?

A: Nein.

Capt Roberts: Keine Fragen.

Capt Brown: Keine Fragen.

Capt Fielden: Keine Fragen.

Capt Corbally: Keine Fragen.

Capt Neave: Keine Fragen.

Capt Phillips: Keine Fragen.

Kreuzverhör von *Lt Boyd*:

F: Waren Sie je im Frauenlager Nr. 2 in Belsen?

A: Nein.

F: Sie erkannten Nr. 41 (Gertrude Sauer) und sagten, sie habe in einer der Küchen gearbeitet?

A: Ja.

F: In welcher Küche?

A: Ich glaube, es war Nr. 2.

F: Wissen Sie, wie oft sie dort gearbeitet hat?

A: Bis zuletzt hat sie dort gearbeitet.

F: In den letzten zwei oder drei Tagen?

A: Nein, zwei oder drei Wochen vielleicht.

F: Hat sie täglich in dieser Küche gearbeitet während der letzten zwei oder drei Wochen?

A: Das kann ich nicht genau sagen. Ich habe nicht darauf geachtet, ob sie jeden Tag kam, aber ich glaube, es war so.

F: Sie sagen, Sie haben gesehen, daß sie eine Peitsche gebrauchte, um Häftlinge zu schlagen?

A: Ja.

F: Ich behaupte, da haben Sie sich getäuscht. Sie benutzte nur ihre Hand.

A: Es kann sein, daß sie auch mit der Hand geschlagen hat, aber ich habe auch gesehen, wie sie eine Peitsche benutzt hat.

F: Wissen Sie, ob es in Belsen eine Frau gab, die ihr sehr ähnlich sah?

A: Daran kann ich mich nicht erinnern.

F: Ist es möglich, daß es so war?

A: Dazu kann ich weder ja noch nein sagen. Ich täusche mich gewiß nicht, wenn ich sie wiedererkenne.

Capt Munro: Keine Fragen.

Lt Jedrzejowicz: Keine Fragen.

Col Backhouse: Kein weiteres Verhör.

(*Die Zeugin tritt ab.*)

Übersetzung der englisch geschriebenen Briefe von und an Alfons Lasker

Breslau, den 20. Juli 1939

German Jewish Aid Committee
Woburn House – Upper Woburn Place
London WC1

(...) Ich danke Ihnen für Ihr Schreiben vom 17. Juli.

Im Hinblick auf die guten Aussichten, die Sie meinem Antrag in Ihrem Schreiben vom 22. Juni einräumten, sind meine Hoffnungen von Ihrer letzten Entscheidung enttäuscht worden.

Inzwischen schrieb mir mein Bruder [Eduard] am 2. Juli folgendes aus New York: »(...) das Komitee wird bei der Britischen Regierung nichts erreichen, wenn nicht eine ausreichende Summe in London hinterlegt wird, um Deinen Lebensunterhalt mindestens während der nächsten fünf Jahre zu gewährleisten und den von Edith und den Kindern für zwei Jahre.« Die Kosten dafür wurden dort mit $650 für einen Erwachsenen pro Jahr und $150 für jedes Kind, es wäre also nötig, $300 für die Kinder zu hinterlegen, darüber hinaus $250 für die Reise nach Amerika; zusammen wären das dann etwas mehr als $5000.

(...) Ich kann nur annehmen, daß Ihnen keine Bestätigung der Einzahlung meines Cousins in Basel auf Ihr Konto bei der Midland Bank am 9. Mai vorliegt (...)

Weiterhin habe ich zur Kenntnis genommen, daß Sie in Ihrem Schreiben vom 17. d.M. nur meine hohe Wartenummer für Amerika konstatieren, ohne sich zu meinen Plänen für eine eventuelle Re-Emigration nach Palestina zu äußern (...) In Anbetracht all dieser Umstände möchte ich Sie bitten, mir mitzuteilen, ob Sie meinen Fall noch einmal überprüfen wollen.

Ich nutze die Gelegenheit, Sie zu fragen, ob es wohl möglich wäre, den bei der Midland Bank hinterlegten Betrag auf einige Monate auszuleihen, um Zinsen dafür zu bekommen. Es wäre schade, auf diese zu verzichten während der langen Zeit, die noch mit Verhandlungen hingehen wird.

Mit bestem Dank im voraus verbleibe ich hochachtungsvoll,
(gezeichnet) Dr. Lasker

Breslau, den 23. Juli 1939
Strasse der SA 69

Sehr verehrte Mrs. Wolf,

ich muß Sie darüber informieren, daß wir vom Aid Committee in London eine Ablehnung erhalten haben, wegen unserer hohen Wartenummer für Amerika. Das Komitee bittet mich, alternative Pläne für eine Re-Emigration vorzulegen (...)

Diese Antwort hat uns sehr entmutigt, und wir sind nun gezwungen, unsere Kinder so schnell wie möglich herauszubekommen.

Glücklicherweise haben wir gute Aussichten, unsere jüngste Tochter Anita in Frankreich unterzubringen, wo sie ihr Cellostudium fortsetzen könnte. Wir hoffen, daß diese Pläne Wirklichkeit werden, so daß dann nur noch unsere fünfzehneinhalbjährige Tochter Renate in England untergebracht werden müßte. Vielleicht wird es einfacher, eine Gastfamilie für sie zu finden, wenn ich Ihnen sage, daß sie eine Sicherheit von 50 Pfund bekommt und es daher nicht mehr notwendig sein wird, eine Garantiesumme für sie zu hinterlegen.

Es tut mir leid, Sie wieder mit meinen großen Sorgen zu behelligen, doch die neuen Entwicklungen machen die Angelegenheit meiner Kinder noch dringlicher als je zuvor. Wir sind Ihnen sehr dankbar, daß Sie sich unserer Sache annehmen, und wir hoffen vertrauensvoll, daß mit Ihrer freundlichen Hilfe sich alles zum Guten wendet.

Mit vorzüglicher Hochachtung,
(gezeichnet) Alfons Lasker

Ms. Hutchinson & Cuff
Rechtsanwälte
London WC2

Breslau, den 5. August 1939

Sehr geehrte Herren,
ich danke Ihnen für Ihr Schreiben vom 24. Juli. Gerade heute erhielt ich vom Komitee den folgenden Rat, der mich wieder entmutigt:

»Wir danken Ihnen für Ihr Schreiben vom 20. Juli. Wenn Sie uns freundlicherweise Ihre Pläne für eine Emigration nach Palestina detailliert mitteilen würden und eine Kopie Ihrer Einreiseerlaubnis beilegten, bearbeiten wir Ihren Antrag sofort weiter.«

(...) Tatsächlich bin ich aber gar nicht in der Lage, eine Einreiseerlaubnis für Palestina vorzulegen; zudem ist die Einwanderung bis zum 1. April 1940 ausgesetzt worden.

(...) Vielleicht wäre es günstig, die Aufmerksamkeit des Komitees auf die laufenden Verhandlungen in Washington über Einwanderungserleichterungen in die USA zu lenken. Da mein Bruder amerikanischer Staatsbürger ist, können wir damit rechnen, in absehbarer Zeit eine bevorzugte Quotanummer zu erhalten.

(...) Glücklicherweise ist meine Wohnung noch nicht vermietet, und ich versuche, den Vertrag mit meinem Vermieter um drei Monate zu verlängern.

Ich sehe Ihren weiteren Nachrichten mit Spannung entgegen.

Hochachtungsvoll,
(gezeichnet) Dr. Lasker

Breslau, den 15. August 1939
Strasse der SA 69

Sehr verehrte Miss Wanklyn,
(...) von Mrs. Wolf erfuhren wir, daß wir diese Einladung Ihrem großen Engagement für uns und Ihren intensiven Bemühungen verdanken. Es ist schwer für uns, unsere Dankbarkeit auf englisch so auszudrücken, wie wir es gerne tun würden. Aber

lassen Sie mich hinzufügen, wie besonders dankbar wir Ihnen sind, daß Sie eine moralische Garantie für Renate Mr. und Mrs. Fisher gegenüber übernommen haben und sich auch nach ihrer Ankunft für sie einsetzen wollen. Sie können sich darauf verlassen, daß Renate Ihnen und Mrs. Wolf keine Enttäuschung bereiten wird (...) Wir sind sehr glücklich, daß Renate zu Ihnen kommt. Was die Religion anlangt, haben wir keine Bedenken und vertrauen ganz auf das Taktgefühl der Familie Fisher.

Selbstverständlich stehen die 50 Pfund, die unsere Verwandten für Renate aufbringen können, Rev. Fisher zur Verfügung, wenn es nicht notwendig ist, einen Betrag beim Aid Committee zu hinterlegen. Es war mehr als freundlich von Ihnen und Mrs. Wolf, daß Sie den Betrag selbst bereitstellen wollten; doch es wäre sehr schmerzlich für uns, wenn Ihnen Kosten entstünden, nach allem, was wir Ihnen in dieser Angelegenheit schon zugemutet haben und was Sie künftig noch für Renate tun wollen (...)

Wie ich Mr. Fisher bereits schrieb, wird Renate wohl Mitte September bei ihnen eintreffen.

Ich schreibe diesen Brief mit der Maschine, da Sie wohl ohnehin genügend Schwierigkeiten haben werden, mein Anfänger-Englisch zu verstehen. Da will ich Ihnen mit meiner Handschrift nicht noch zusätzliche Probleme bereiten. Lassen Sie mich noch einmal unseren tiefen und herzlichen Dank aussprechen. Wir hoffen, Ihnen eines Tages auch einmal persönlich danken zu können.

Ihr sehr ergebener
(gezeichnet) A. Lasker

Die Antworten:

Dr. A. Lasker
Kaiser Wilhelm Strasse 69
Breslau 13
Deutschland

17. Juli 1939

Sehr geehrter Herr Dr. Lasker,
auf Ihre Anfragen vom 22. Juni und 11. Juli nach dem Stand Ihrer Angelegenheit müssen wir Ihnen leider mitteilen, daß wir Ihrer hohen Wartenummer für Amerika wegen den Vorgang nicht weiter bearbeiten können.

Angesichts dieser Entscheidung empfehlen wir Ihnen, alternative Pläne für eine Re-Emigration zu entwickeln. Sobald wir neue Informationen von Ihnen erhalten, werden wir alles in unserer Macht Stehende tun, um Ihnen zu helfen.

Hochachtungsvoll,
German Jewish Aid Committee

18. Juli 1939

Sehr geehrter Herr Dr. Lasker,
vor einigen Wochen erreichte mich ein Brief von Miss Lindsay. Sie bittet mich um meine Hilfe, Ihre beiden fünfzehn und dreizehn Jahre alten Töchter nach England zu bringen. Es war mir nicht möglich, ihnen eine Einladung, zu mir zu kommen, auszustellen. Doch werde ich wie bisher alles tun, um ihren Töchtern zu helfen.

Im Moment kann ich Ihnen nichts Endgültiges mitteilen. Doch bitte halten Sie mein langes Schweigen nicht für Gleichgültigkeit. Ich tue weiterhin alles, was ich kann, und schreibe Ihnen sofort, wenn ich Erfolg habe.

(gezeichnet:) R. Wolf

Brief von Alfons Lasker an Rev. Fisher:

Breslau, den 12. August 1939

Liebe Freunde,

der Inhalt Ihrer Briefe und die Art, wie Sie uns Ihre Gastfreundschaft für Renate anbieten, ermutigt mich, Ihre freundschaftliche Anrede zu erwidern. Ich habe Ihren Brief meiner Familie zweimal vorgelesen, und jedesmal bemerkte ich Tränen in den Augen meiner Frau.

Am selben Tag erhielt ich einen Brief von Mrs. Wolf, am folgenden einen Bericht von Marianne und zwei Tage später einen Brief von Miss Wanklyn. Wir fühlen uns noch immer beschämt von soviel Güte, und es fällt mir nicht leicht, die richtigen Worte zu finden – besonders in einer fremden Sprache –, um unsere Empfindungen auszudrücken.

Sie schreiben in Ihrem Brief, daß viele Juden auf dem Kontinent eine schlechte Verkörperung dessen gesehen haben, was Christentum wirklich bedeutet. Als ich diese Worte las, mußte ich unwillkürlich an die mißliche Lage denken, in der sich Schiller befand, als er einen Brief des Herzogs von Augustenburg erhielt, der ihm eine Jahresrente anbot. Ich möchte Ihnen dasselbe antworten, was Schiller dem Herzog schrieb: »Eine Erscheinung, wie Sie mir waren, richtet den Glauben an reine und edle Menschheit wieder auf, den so zahlreiche Beispiele vom Gegenteil in der wirklichen Welt niederschlagen.«

(...) Wir sind sehr glücklich, unsere Tochter zu Ihnen schikken zu können. Wir haben volles Vertrauen in den Geist Ihres Hauses, wie wir ihn aus Ihrem Brief kennengelernt haben. Dieser Tage habe ich auch die beiden Schriften gelesen, die Sie freundlicherweise beigelegt hatten, und ich meine darin in Metaphern dieselben Gedanken gefunden zu haben, die ihr Brief in der Sprache des Herzens ausdrückt. Wir haben keine Bedenken bezüglich Ihrer Ansichten, was Renate wird tun können und daß Sie keine Unterschiede zwischen ihr und Nancy machen wollen. Wir glauben, daß die religiösen Bräuche weniger wichtig sind als der Geist des Glaubens. Sollte es reiner Zufall sein, daß Sie am

Ende Ihres Briefes, einen Satz Christi zitieren, den Hillel – mit fast denselben Worten, glaube ich – als die tiefste Wahrheit des jüdischen Glaubens herausgestellt hat?

Schließlich erlaube ich mir, noch einige praktische Punkte anzusprechen: Ich hoffe, eine Einreiseerlaubnis für Renate in Ihr Land gegen Ende August zu bekommen. Die Formalitäten hier werden etwa drei bis vier Wochen in Anspruch nehmen. Daher wird Renate Deutschland kaum vor dem 10. September verlassen können. [Am 1. September brach der Krieg in Deutschland aus, am 3. in England.]

Soweit wir wissen, sind in England Schuluniformen vorgeschrieben. Da es so gut wie unmöglich ist, Geld aus Deutschland in ein anderes Land zu transferieren, wäre es am besten, die Kleidungsstücke hier anzufertigen. Meine Frau könnte das selbst tun, wenn Sie uns freundlicherweise eine Skizze und ein Stoffmuster schicken würden. Wir wären Ihnen auch dankbar für Angaben über Strümpfe, Schuhe, Hut und dergleichen.

Darüber hinaus wäre es eine große Freude für uns, einige Wünsche von Nancie zu erfahren. Wir können unser Geld nur dazu verwenden, Dinge zu kaufen, die man mitnehmen darf. Wir möchten Ihrer Tochter Nancie sehr gern eine Freude machen.

Wir hoffen, daß Renate und Nancie gute Freundinnen werden. Renate ist ein fröhliches und geselliges Mädchen. Sie spürt sehr genau, in welch ein Zuhause sie nun kommt, und wird alles tun, um sich Ihnen dankbar zu erweisen.

Wir verstehen alles, was Sie uns auf deutsch und englisch geschrieben haben; doch beim Schreiben eines englischen Briefes fühle ich mich doch sehr unsicher.

Wir haben uns sehr gefreut, nachdem wir Ihren Brief erhalten hatten, Sie wenigstens »in effigie« persönlich kennenzulernen durch die Photos, die Marianne geschickt hat. Wir werden sie bitten, Ihnen gelegentlich auch Bilder von uns zu senden.

Mit herzlichem Dank für Ihre große Liebenswürdigkeit und mit freundschaftlichen Grüßen an Sie und Nancie,

Ihr sehr ergebener
Alfons Lasker

Auschwitz war ein Lager der absurdesten Gegensätze und irrsinnigsten Ideen. Eine von ihnen war die Lagerkapelle. Im Männerlager existierte sie schon bei unserer Ankunft in Auschwitz. Sie spielte beim Eingangstor des Lagers während des Ausrückens und Einrükkens der Arbeitskolonnen. Ein Abend: zerlumpte, vor Müdigkeit graue Häftlinge schleppen sich ins Lager zurück, hinter der Kolonne tragen sie auf Bahren oder auf den Schultern einen oder mehrere tote Kameraden, die in der Arbeit erschossen, erschlagen wurden oder eines »natürlichen Todes« starben. Von den Bahren hängen Beine und Arme und wackeln im Takt. Und dazu spielt die Kapelle neudeutsche Schlager, z.B. »Es war ein Edelweiß, ein kleines Edelweiß, holarie, ja holaroh ...« (...)

Der erste Versuch, im Frühjahr 1943 eine Lagerkapelle im Frauenlager zu errichten, endete kläglich. Frauen spielten auf einigen Instrumenten unkoordiniert und meistens falsch. Kurze Zeit später verbreitete sich die Nachricht, daß eine Kapellmeisterin kam und am Sonntagnachmittag sollte das erste Konzert stattfinden. Wir waren mißtrauisch, aber wir gingen, denn der Sonntagnachmittag war für uns meistens frei.

Das Konzert begann: zwischen den Revierblöcken auf einem ziemlich breiten Gelände mit dem weiten blauen Himmel als Kulisse. Schon bei den ersten Takten hielten wir den Atem an. Die Töne, die aus der Geige der neuen Kapellmeisterin erklangen, waren eine längst vergessene Welt (...) »Wer ist das?« Irgendwoher kam die Antwort: »Alma Rosé.« Alma kam mit einem französischen Transport aus dem Lager Trancy, wo sie schon über ein halbes Jahr interniert war, nach Auschwitz. Gleich nach der Ankunft wurde sie für den Block 10 in Auschwitz, den Versuchsblock, ausgewählt, in dem hauptsächlich Sterilisationsversuche gemacht wurden (...) Als ihr die SS-Aufseherin erzählte, daß mit dem letzten französischen Transport eine Geigerin ankam, die wahrscheinlich »versehentlich«

vergast wurde, da man sie nirgends im Lager finden kann, fiel es Alma nicht ein, daß es sich um sie handeln könnte. Sie hieß jetzt von Leeuven-Boomkamp wie ihr holländischer Mann – wer konnte ahnen, daß es sich um Alma Rosé handelte? Und so lebte Alma still, unbeachtet, sie hungerte mehr als die anderen, war trauriger, denn der Lebensstil des Lagers und seine Mentalität blieben ihr fremd.

Eines Tages hatte die Blockärztin Geburtstag, und die Blockälteste erwähnte, sie möchte gerne etwas Musik: »Kann jemand Geige spielen?« Alma meldete sich. Abends spielte sie dann, und ihr Spiel wurde zu einer Entdeckung für die Häftlinge und auch für die SS. Einige Tage später wurde sie als Kapellmeisterin nach Birkenau überstellt.

In Kürze hatte ich Gelegenheit, den Menschen Alma kennen zu lernen. Alma hat das Lager nie voll begriffen. Sie lebte in einer anderen Welt (...) Sie stellte eine Kapelle zusammen aus Mädchen – Amateurinnen, die zu Hause zwei bis drei Jahre spielen gelernt hatten. Sie instrumentierte selber für das ganze Orchester und übte außer den Pflichtschlagern Opernarien (...) usw. Sie war eine strenge und unnachgiebige Dirigentin, mit ganzer Seele gab sie sich der Musik hin.

Jeden Sonntag gab es Konzerte auf freiem Gelände. Sie wurden für uns zum größten Erlebnis, wir warteten die ganze Woche darauf. Inmitten des Konzertes kam es manchmal vor, daß eine SS-Aufseherin sich laut zu unterhalten begann, fluchte oder kicherte. Alma hörte plötzlich zu spielen oder zu dirigieren auf und ging fort. Das war mehr oder weniger Sabotage, Alma begriff das nicht, sie seufzte kurz auf und bemerkte: »So kann ich nicht spielen!«

Nein, Alma konnte man nicht fesseln, sie glich mit den Schwingen ihrer Gefühle dem Flug eines Vogels und mit ihrem Denken einem naiven Kind. Sie glaubte immer daran, daß sie das Lager überleben würde (...) Sie glaubte jedem auch noch so phantastischen Gerücht, das in den verzweifelten Köpfen der Häftlinge entstand: »Die Vergasungen wurden eingestellt – Amerika hat interveniert ...« »Deutschland bekam ein Ultimatum.« (...) Ich fand nie den Mut, ihr zu widersprechen. »Nach dem Krieg«, sagte sie zu mir, »will ich nur Kammermusik spielen, glaube mir, das ist die reinste Form der Musik. Ich will in der Tradition meines Vaters fortfahren.«

Die Tage wurden kürzer (...) Eine furchtbare Epidemie von Flecktyphus tobte. Täglich starben einige hundert Frauen (...) Dezember 1943. Die Schreckensherrschaft von Dr. Mengele beherrschte das Revier und das Lager (...) Dieser Psychopath war ganz unberechenbar in seinen Launen und Taten. Aus der heitersten, lächelnden Laune heraus entschloß er sich plötzlich fürchterliche Selektionen in die Gaskammern zu machen, um im nächsten Moment einem seiner beliebten Zwillinge Bonbons zu schenken (...)

Eine Selektion im Revier und im Lager: Die SS-Männer waren wegen der sich verbreitenden Flecktyphusepidemie nervös geworden, sie fürchteten um ihr eigenes Leben. Dr. Mengele (...) schickte (...) einen Bericht nach Berlin und wartete auf die Bestätigung. Die Verurteilten wurden in zwei Blöcke gepfercht, es handelte sich ungefähr um siebentausend Frauen. Dort warteten sie fast zwei Wochen auf den Tod. Das Grauen war unvorstellbar und unbeschreiblich. Eine Masse unzurechnungsfähiger, halb wahnsinniger Frauen, zusammengepfercht in einem Raum, in dem die Luft erstickend war, jeden Moment auf den Tod wartend (...)

Die Bestätigung aus Berlin kam nicht, den Grund kenne ich nicht. Ungefähr am zehnten Tag entschloß sich Dr. Mengele gemeinsam mit dem Lagerführer Hössler, den Transport auf eigene Faust in die Gaskammer zu schicken und sie ließen es sich nachträglich bestätigen.

Zwei Tage dauerte der Transport in die Gaskammern, zwei Tage hämmerte uns das Dröhnen der Autos in den Ohren, zwei Tage erzitterte die Luft vor in Schweigen ertränkten Hilferufen (...)

Es hatte den Anschein, als hätten alle diese Erlebnisse keine Spur in Almas Gemüt hinterlassen. Weihnachten nahte. Alle behaupteten wieder mit Sicherheit, es würden »die letzten sein«. (...) Alma veranstaltete ein Weihnachtskonzert. Sie spielte in den Revierblöcken für die Kranken (...)

Das Jahr 1944 öffnete uns seine mit weißen Daunen bestäubten Pforten (...) Alma zog sich ganz in ihre innere Welt zurück. Das Lager lebte irgendwie außerhalb ihres Bewußtseins (...)

Sie übte unermüdlich mit den Frauen der Kapelle, deren Niveau täglich stieg. Alma arbeitete von früh bis spät in die Nacht, instrumentierte, suchte neue Noten und Instrumente und übte, übte, übte. »Das ist noch nicht das richtige Tempo!« »Dieser Ton muß feiner klingen, in dieser Stimme fehlt Temperament!« »Wiederholen, wiederholen, wiederholen ...« Abends sank sie ins Bett halbtot vor Müdigkeit. Schlaflosigkeit überkam sie (...) Sie sah nicht, was um sie herum geschah: schlaflose Nächte, spannungsgeladene Tage, ihr ganzes Leben durchflutete sie in der Trance der Musik, ihrer Musik.

Das Lager war ein Gemisch der verschiedenartigsten Menschen. Außer den Asozialen, Diebinnen, Mörderinnen waren auch zwischen den politischen Häftlingen die verschiedensten Typen. Neben Antifaschisten aller Nationen waren es auch Pogromhelden und ausgeprägte Reaktionäre und Antisemiten. Diese Clique begann im Spätwinter 1943/44 gegen Alma zu intrigieren. Alma war Jüdin, aber ihre Position wurde täglich stärker, ihre Beliebtheit stieg. Anfangs wurden die Verleumdungen nur getuschelt, zum Schluß wurden sie der Oberaufseherin vorgetragen. Alma wurde zum Rapport beordert. Man beschuldigte sie, daß sie in der Kapelle jüdische Häftlinge bevorzugt hätte, obwohl sie weniger gut spielten. Sie habe in der Kapelle ihre Lieblinge, die anderen unterdrücke und quäle sie. »Warum hast du unlängst eine polnische Geigerin abgelehnt?« brüllt die Oberaufseherin. »Sie war unmusikalisch und spielte nicht gut.« »Du lügst – es war keine Jüdin! Jetzt wirst du sie aber in die Kapelle aufnehmen!« »Zu Befehl!« antwortet Alma (...)

Alma kehrte zurück und musizierte weiter. In den Augen ihrer Schülerinnen, die sie reinste Musik lehren wollte und sie auch von ihnen forderte, begann sie eine versteckte Feindschaft zu suchen (...)

Blocksperre wird angeordnet. [Hier folgt ein Bericht über die Vergasung der Leute aus Theresienstadt, die im sogenannten *Familienlager* untergebracht gewesen waren.] Ich weiß nicht, wie Alma diese Nacht durchstand. Sie spielte weiter, mit letzter Kraft floh sie verzweifelt aus den unbegreiflichen Ausschwitzer Geschehen in ihre ersehnte Reinheit und Harmonie (...) Mit verständnislosem, tief verwundetem Blick durchlebte sie die Tage (...)

Am 3. April kam jemand zu mir, um mir zu berichten, daß Alma Fieber habe: Ich eile zu ihr. Sie liegt mit fieberndem Gesicht, klagt über Kopfschmerzen und über Erbrechen. Ihr Fieber stieg auf 39,4 Grad, keine anderen Symptome sind feststellbar. »Was hast du gestern gegessen?« »Nichts Besonderes«, antwortet Alma, »aber ich muß dir gestehen, ich habe Wodka getrunken.« Ich bin bestürzt. Alma hatte mir erzählt, sie vertrage keinen Alkohol und trinke nie. Alkohol im Lager war meistens Methylalkohol.

Mittags ist Almas Zustand unverändert. Gleich nach dem Abendappell eile ich wieder zu ihr. Ich erstarre. Alma erkennt mich nicht, sie ist tief bewußtlos, ihre Temperatur sinkt unter Normal und sie hat meningeale Symptome. Ihr Körper ist mit kleinen Blutergüssen übersät, und automatisch greift sie nach ihrem Kopf. Die Ärztinnen sind ratlos. Ist es schwerer Flecktyphus, Gehirnhautentzündung, oder eine Vergiftung? Wir machen eine Magenspülung. Ich bleibe die Nacht hindurch bei Alma, fühle ihren Puls, verabreiche Herzmittel. Alma bleibt bewußtlos, unruhig, die Augen weit offen, suchend (...)

Die Kameradinnen trugen Alma aufs Revier (...) Alma hatte kein Fieber, aber die meningealen Symptome dauerten an und die Hautblutungen nahmen zu. Zeitweilig ist Alma bei Bewußtsein. Ich sitze bei ihr und halte ihre Hand (...) Die Ärztinnen beraten, begreifen aber nicht (...)

Eine Lumbalpunktion, die nachmittags gemacht wird, ergibt einen klaren Liquor. Alma ist bei Bewußtsein und hält meine Hand. »Alma, bald wirst du wieder gesund sein, du mußt um deiner Musik willen gesund werden!« (...) Die Hände winden sich in Krämpfen (...): ein epileptischer Anfall. Wir wissen, was das bedeutet. Ein Augenblick der Ruhe folgt. Dann mehren sich die epileptischen Anfälle, werden stärker. Verzweifelte Hilfsversuche folgen, aber niemand glaubt mehr an ihren Erfolg (...)

Ich bin allein mit Alma. Ich setze mich zu ihr (...) Die Ärztinnen waren sich über die Todesursache nicht einig. Ich aber weiß, Alma: mancher Mensch beendet sein Leben lange vor seinem Tod und sein weiteres Leben ist nur ein Scheinbares. Den letzten Schritt, das letzte Hindernis überschrittest du unabsichtlich, aber unbewußt entschlossen vor zwei Tagen. Damals überwandtst du die letzte, schwerste Phase deines längst angetretenen Weges. Und jetzt fandest du sie, deine leuchtende, ewige Harmonie ...

(aus: Margita Schwalbová, *Elf Frauen. Leben in Wahrheit. Eine Ärztin berichtet aus Auschwitz-Birkenau 1942–1945*, Plöger Verlag, Annweiler/Essen 1994. Mit freundlicher Genehmigung.)

Die englische Originalausgabe *Inherit the Truth* erschien bei Giles de la Mare Publishers Limited, London 1996.

Abbildungsnachweis:
Frontispiz und S. 98: Wolf Suschitzky
S. 90 und S. 91: Archiv der Wiener Library
S. 92: Renate Lasker Harpprecht
S. 81 und S. 97: Archiv Konrad Latte
Alle übrigen Aufnahmen: Archiv Anita Lasker-Wallfisch

Mit großem Dank an Wolf Suschitzky, London, und Konrad Latte, Berlin.
Umschlag: Andrea Belag

Die Deutsche Bibliothek – CIP-Einheitsaufnahme
Lasker-Wallfisch, Anita:
Ihr sollt die Wahrheit erben : Breslau – Auschwitz – Bergen-Belsen.
Anita Lasker-Wallfisch. Mit einem Vorw. von Klaus Harpprecht. –
1. Aufl. – Bonn: Weidle, 1997
Einheitssacht.: Inherit the truth <dt.>
ISBN 3-931135-26-8

Beethovenplatz 4, 53115 Bonn
Lektorat: Rosemarie Paus-Daniel
Übersetzungen aus dem Englischen im Anhang: Stefan Weidle
Typographisches Konzept: Friedrich Forssman, Kassel
Satz: Wallstein Verlag, Göttingen
Druck und Bindung: Hubert & Co, Göttingen
1. Auflage
ISBN 3-931135-26-8